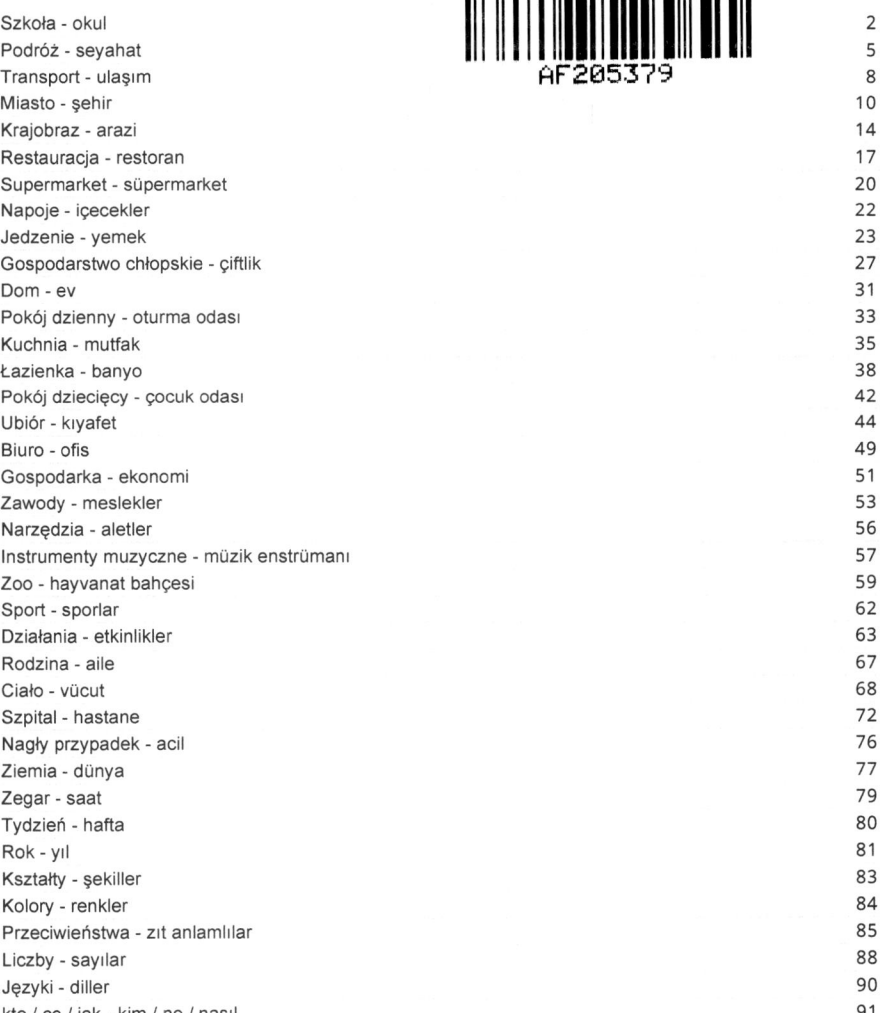

AF205379

Impressum
Verlag: BABADADA GmbH, Nedderfeld 112 , 22529 Hamburg
Geschäftsführer / Verlagsleitung: Harald Hof
Druck: Books on Demand GmbH, In de Tarpen 42, 22848 Norderstedt

Imprint
Publisher: BABADADA GmbH, Nedderfeld 112 , 22529 Hamburg, Germany
Managing Director / Publishing direction: Harald Hof
Print: Books on Demand GmbH, In de Tarpen 42, 22848 Norderstedt

Szkoła
okul

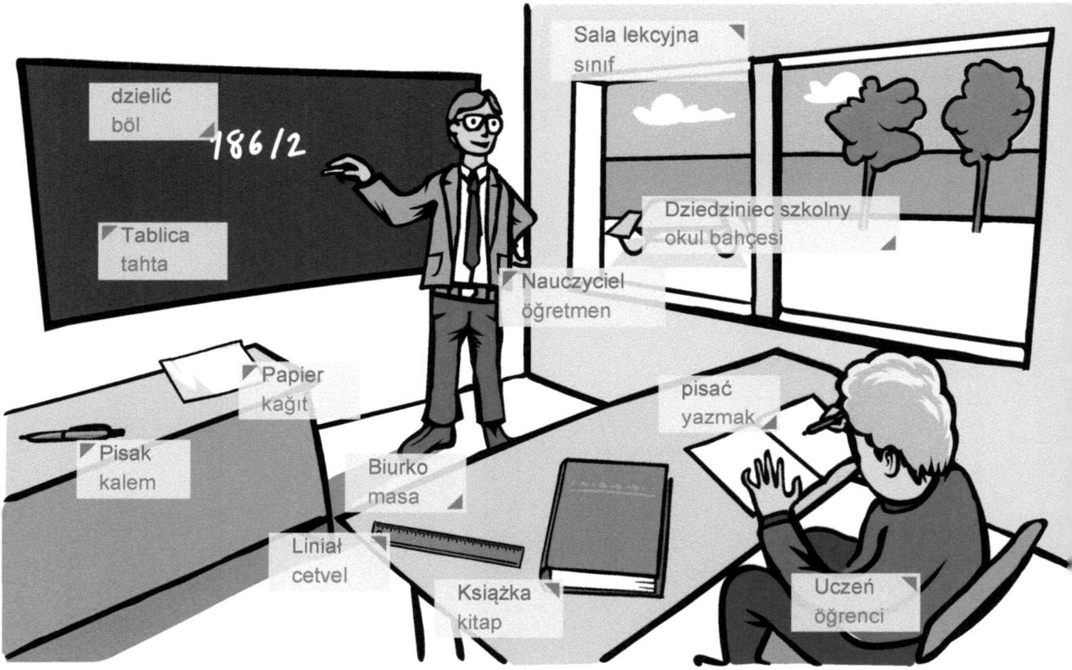

Sala lekcyjna
sınıf
dzielić
böl
186/2
Tablica
tahta
Dziedziniec szkolny
okul bahçesi
Nauczyciel
öğretmen
Papier
kağıt
pisać
yazmak
Pisak
kalem
Biurko
masa
Liniał
cetvel
Książka
kitap
Uczeń
öğrenci

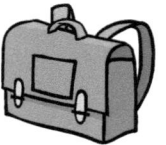

Plecak szkolny
okul çantası

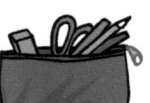

Piórnik
kalemlik

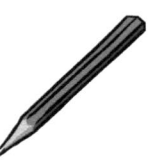

Ołówek
kurşun kalem

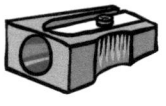

Temperówka
kalem açacağı

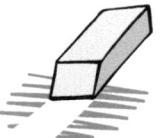

Gumka do mazania
silgi

Blok rysunkowy
çizim defteri

Rysunek

çizim

Pędzel

resim fırçası

Pudełko z akwarelami

boya kutusu

Nożyce

makas

Klej

tutkal

Książka do ćwiczenia

alıştırma kitabı

Zadanie domowe

ödev

Liczba

sayı

dodawać

ekle

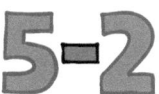

odejmować

çıkar

mnożyć

çarp

liczyć

hesapla

Litera

harf

Alfabet

alfabe

Słowo

kelime

Tekst

metin

czytać

okumak

Kreda

tebeşir

Godzina

ders

Dziennik lekcyjny

kayıt

Egzamin

sınav

Świadectwo

sertifika

Mundurek szkolny

okul forması

Wykształcenie

eğitim

Leksykon

ansiklopedi

Uniwersytet

üniversite

Mikroskop

mikroskop

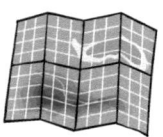

Mapa

harita

Kosz na odpadki

kağıt çöp kutusu

Podróż
seyahat

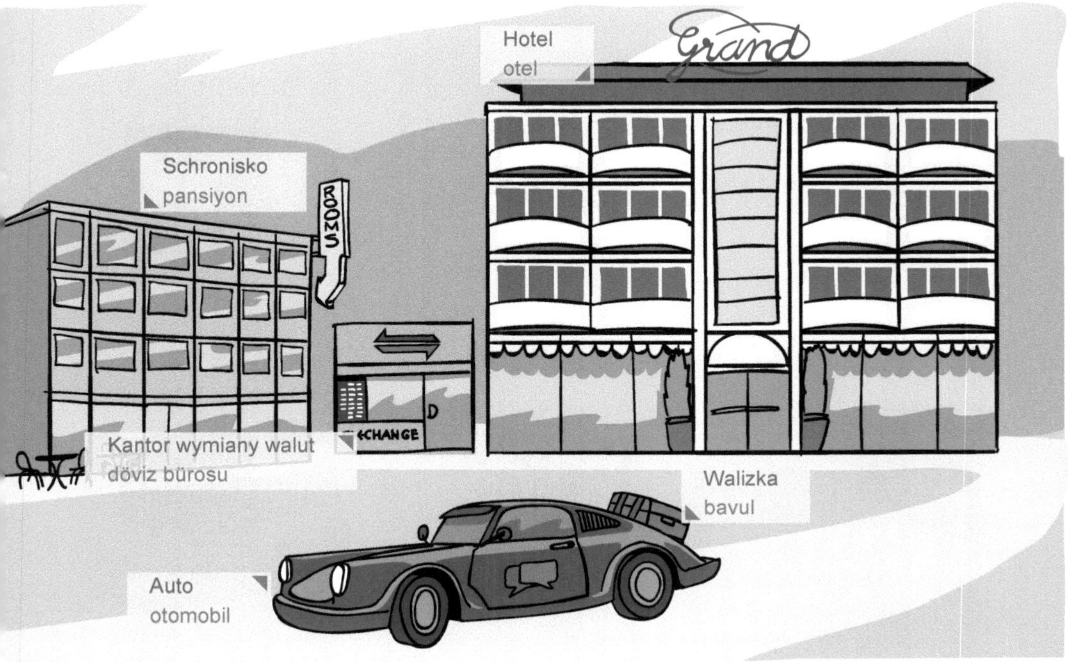
Hotel
otel
Grand
Schronisko
pansiyon
ROOMS
Kantor wymiany walut
döviz bürosu
€CHANGE
Walizka
bavul
Auto
otomobil

Język
dil

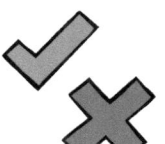

tak / nie
evet / hayır

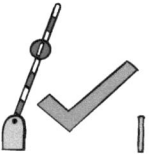

OK
Tamam

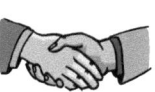

Halo
merhaba

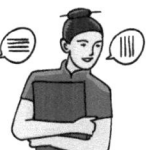

Tłumacz
çevirmen

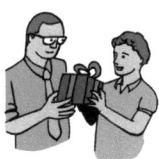

Dziękuję
Teşekkür ederim

Ile kosztuje ...?

bu ... ne kadar?

Nie rozumiem

anlamadım

Problem

problem

Dobry wieczór!

İyi akşamlar!

Dzień dobry!

Günaydın!

Dobranoc!

İyi geceler!

Do widzenia

güle güle

Kierunek

yön

Bagaż

bagaj

Torba

çanta

Plecak

sırt çantası

Gość

misafir

Pokój

oda

Śpiwór

uyku tulumu

Namiot

çadır

Informacja turystyczna

turist danışma

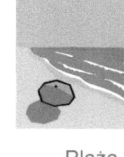

Plaża

sahil

Karta kredytowa

kredi kartı

Śniadanie

kahvaltı

Obiad

öğle yemeği

Kolacja

akşam yemeği

Bilet

Bilet

Winda

asansör

Znaczek na list

pul

Granica

sınır

Cło

gümrük

Ambasada

elçilik

Wiza

vize

Paszport

pasaport

Transport
ulaşım

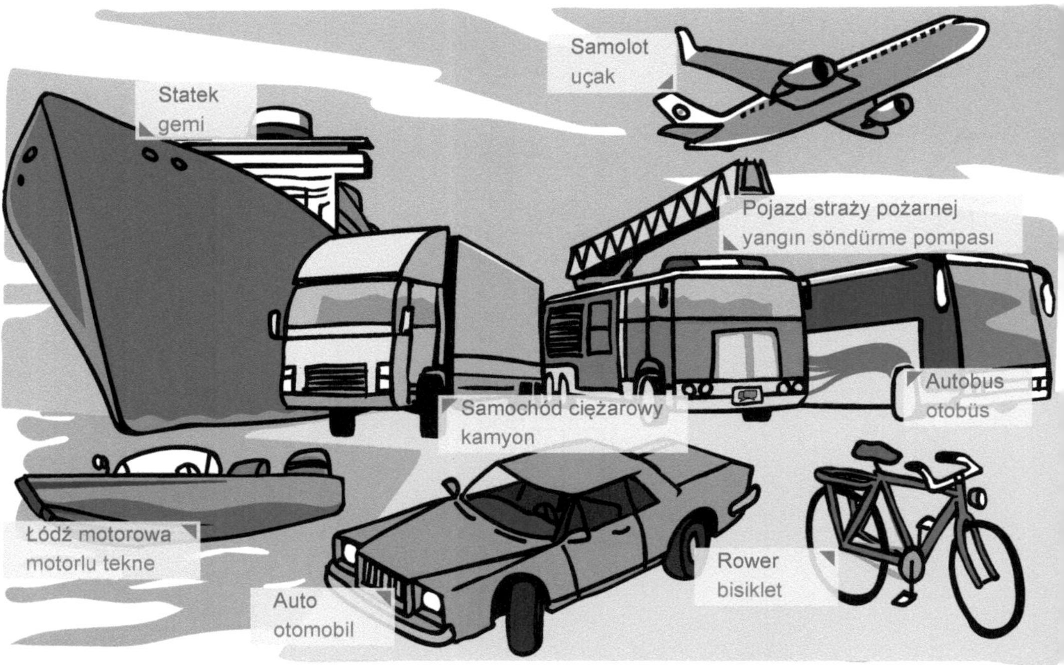
Samolot
uçak
Statek
gemi
Pojazd straży pożarnej
yangın söndürme pompası
Autobus
otobüs
Samochód ciężarowy
kamyon
Łódź motorowa
motorlu tekne
Rower
bisiklet
Auto
otomobil

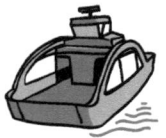

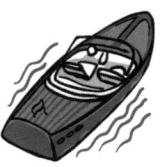

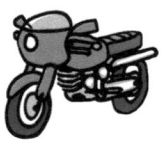

Prom

feribot

Łódź

bot

Motocykl

motosiklet

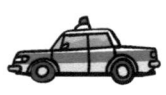

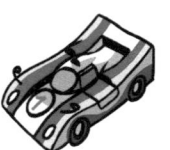

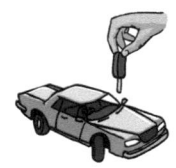

Radiowóz policyjny

polis arabası

Samochód wyścigowy

yarış arabası

Samochód wypożyczony

kiralık araba

Wspólne przejazdy
samochodem

ortak araba

Samochód pomocy
drogowej
çekici

Śmieciarka

çöp kamyonu

Silnik

motor

Benzyna

yakıt

Stacja benzynowa

benzinlik

Znak drogowy

trafik işareti

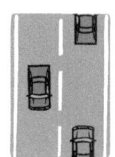

Ruch

trafik

Korek

trafik sıkışıklığı

Parking

otopark

Dworzec

tren istasyonu

Szyny

ray

Pociąg

tren

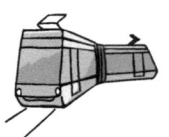

Tramwaj

tramvay

Wagon

vagon

Helikopter

helikopter

Lotnisko

havaalanı

Wieża

kule

Pasażer

yolcu

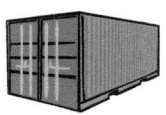

Kontener

konteyner

Karton

koli

Taczka

yük arabası

Kosz

sepet

startować / lądować

kalkış / iniş

Miasto

şehir

Wieś

köy

Centrum miasta

şehir merkezi

Dom

ev

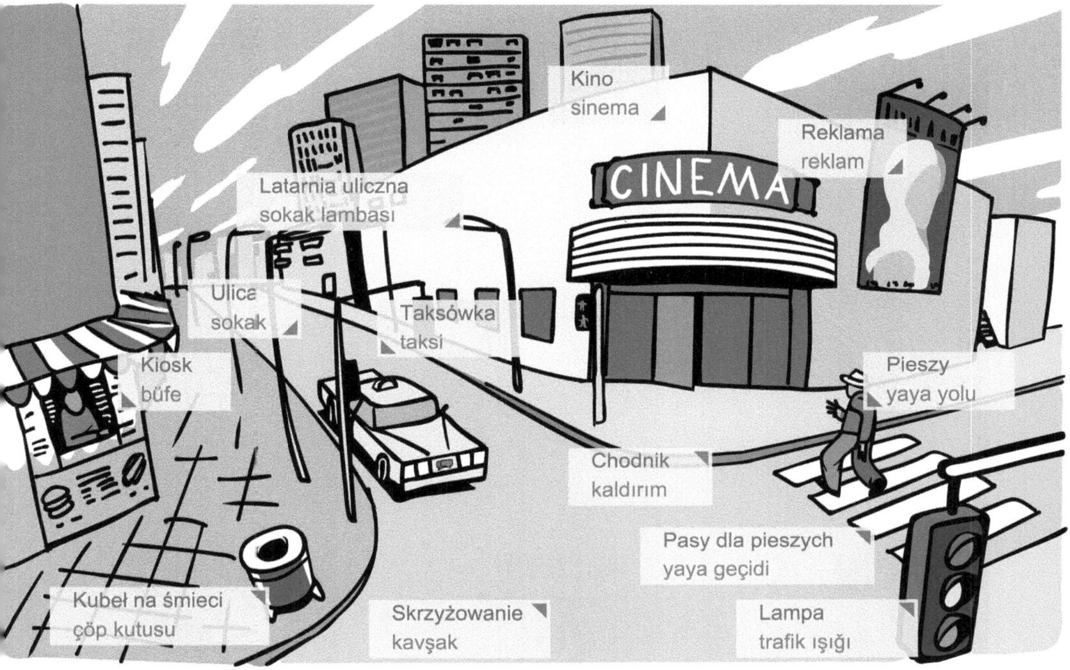

Kino
sinema

Reklama
reklam

Latarnia uliczna
sokak lambası

CINEMA

Ulica
sokak

Taksówka
taksi

Kiosk
büfe

Pieszy
yaya yolu

Chodnik
kaldırım

Pasy dla pieszych
yaya geçidi

Kubeł na śmieci
çöp kutusu

Skrzyżowanie
kavşak

Lampa
trafik ışığı

Chata

kulübe

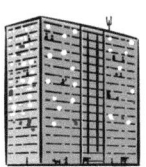

Mieszkanie

apartman dairesi

Dworzec

tren istasyonu

Ratusz

belediye binası

Muzeum

müze

Szkoła

okul

Uniwersytet

üniversite

Bank

banka

Szpital

hastane

Hotel

otel

Apteka

eczane

Biuro

ofis

Księgarnia

kitapçı

Sklep

mağaza

Kwiaciarnia

çiçekçi

Supermarket

süpermarket

Rynek

market

Dom towarowy

büyük mağaza

Sklep z rybami

balık satıcısı

Centrum handlowe

alışveriş merkezi

Port

liman

Park

park

Ławka

bank

Most

köprü

Schody

merdiven

Metro

metro

Tunel

tünel

Przystanek autobusowy

otobüs durağı

Bar

bar

Restauracja

restoran

Skrzynka na listy

posta kutusu

Tabliczka z nazwą ulicy

sokak tabelası

Parkometr

otopark sayacı

Zoo

hayvanat bahçesi

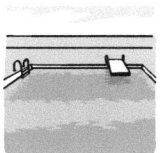

Łaźnia

yüzme havuzu

Meczet

cami

Gospodarstwo chłopskie

çiftlik

Zanieczyszczenie
środowiska

kirlilik

Cmentarz

mezarlık

Kościół

kilise

Plac zabaw

oyun alanı

Świątynia

tapınak

Krajobraz
arazi

Liść
yaprak

Drogowskaz
yön tabelası

Droga
yol

Łąka
çayır

Kamień
taş

Wędrowiec
yürüyüşçü

Drzewo
ağaç

Rzeka
ırmak

Trawa
çimen

Kwiat
çiçek

Dolina

vadi

Góra

tepe

Jezioro

göl

Las

orman

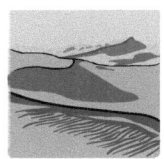

Pustynia

çöl

Wulkan

volkan

Zamek

kale

Tęcza

gökkuşağı

Grzyb

mantar

Palma

palmiye

Komar

sivrisinek

Mucha

sinek

Mrówka

karınca

Pszczoła

arı

Pająk

örümcek

Chrząszcz

böcek

Żaba

kurbağa

Wiewiórka

sincap

Jeż

kirpi

Zając

yabani tavşan

Sowa

baykuş

Ptak

kuş

Łabędź

kuğu

Dzik

yaban domuzu

Jeleń

geyik

Łoś

geyik

Tama

baraj

Wiatrak

rüzgar türbini

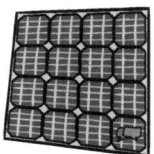

Moduł solarny

güneş paneli

Klimat

iklim

Restauracja
restoran

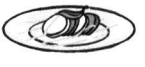

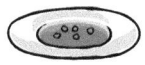

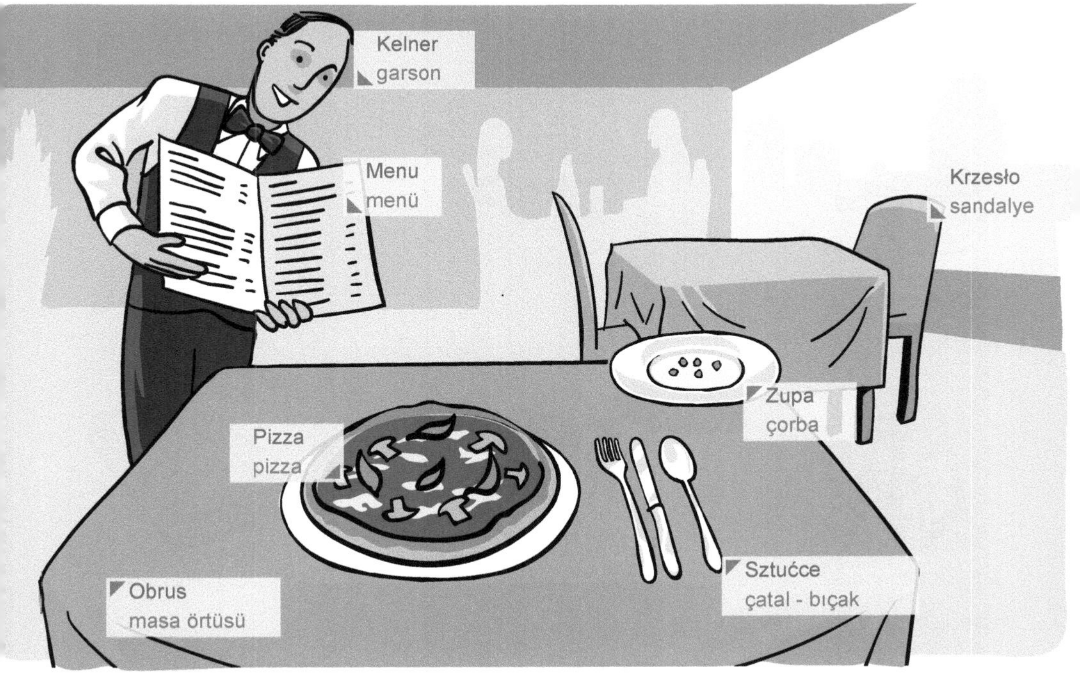

Kelner
garson
Menu
menü
Krzesło
sandalye
Zupa
çorba
Pizza
pizza
Sztućce
çatal - bıçak
Obrus
masa örtüsü

Przystawka

başlangıç

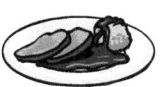

Danie główne

ana yemek

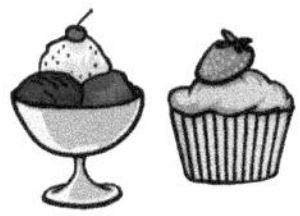

Deser

tatlı

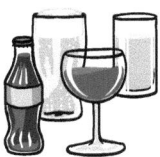

Napoje

içecekler

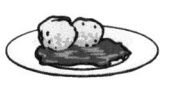

Jedzenie

yemek

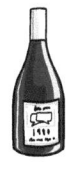

Butelka

şişe

Fastfood

fastfood

Streetfood

sokak yemeği

Dzbanek na herbatę

çaydanlık

Cukierniczka

şekerlik

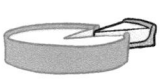

Porcja

porsiyon

Zaparzarka do espresso

espresso makinesi

Krzesło dla dziecka

mama sandalyesi

Rachunek

fatura

Taca

tepsi

Nóż

bıçak

Widelec

çatal

Łyżka

kaşık

Łyżeczka

çay kaşığı

Serwetka

servis peçetesi

Szklanka

bardak

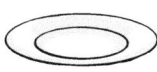

Talerz

tabak

Talerz do zupy

çorba kasesi

Podstawek pod filiżankę

fincan altlığı

Sos

sos

Solniczka

tuzluk

Młynek do pieprzu

karabiber değirmeni

Ocet

sirke

Olej

yağ

Przyprawy

baharat

Keczup

ketçap

Musztarda

hardal

Majonez

mayonez

Supermarket
süpermarket

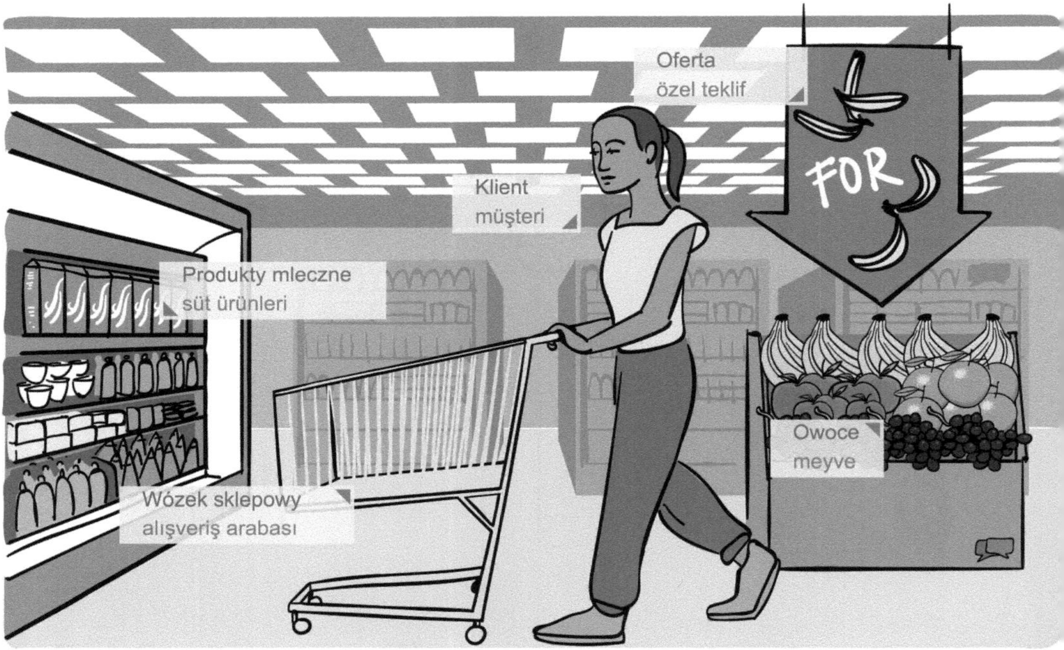

Oferta
özel teklif
FOR
Klient
müşteri
Produkty mleczne
süt ürünleri
Owoce
meyve
Wózek sklepowy
alışveriş arabası

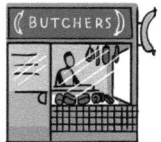

BUTCHERS

Rzeźnia

kasap

BAKERY

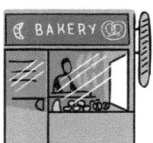

Piekarnia

fırın

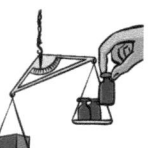

ważyć

tartmak

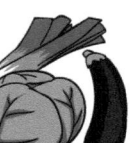

Warzywa

sebze

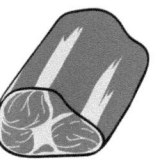

Mięso

et

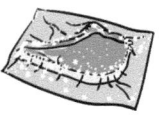

Mrożonki

donmuş gıda

Wędliny

söğüş et

Konserwy

konserve yiyecek

Proszek m do prania

toz deterjan

Słodycze

şekerlemeler

Artykuły użytku domowego

ev temizlik ürünleri

Środek czyszczący

temizlik ürünleri

Sprzedawczyni

satış görevlisi

Kasa

yazar kasa

Kasjer

kasiyer

Lista zakupów

alışveriş listesi

Godziny otwarcia

açılış saatleri

Portfel

cüzdan

Karta kredytowa

kredi kartı

Torba

çanta

Torebka plastikowa

plastik poşet

Woda

su

Sok

meyve suyu

Mleko

süt

Cola

kola

Wino

şarap

Piwo

bira

Alkohol

alkol

Kakao

kakao

Herbata

çay

Kawa

kahve

Espresso

espresso

Cappuccino

kapuçino

Banan

muz

Jabłko

elma

Pomarańcza

portakal

Arbuz

kavun

Cytryna

limon

Marchew

havuç

Czosnek

sarımsak

Bambus

bambu

Cebula

soğan

Grzyb

mantar

Orzechy

çerez

Makaron

makarna

Spaghetti

spagetti

Ryż

pirinç

Sałatka

salata

Frytki

cips

Ziemniaki pieczone

patates kızartması

Pizza

pizza

Hamburger

hamburger

Kanapka

sandviç

Sznycel

şinitzel

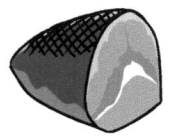

Szynka

pastırma

Salami

salam

Kiełbasa

sosis

Kura

tavuk

Pieczeń

rosto

Ryba

balık

Płatki owsiane

yulaf ezmesi

Musli

müsli

Płatki kukurydziane

mısır gevreği

Mąka

un

Croissant

kruvasan

Bułka

küçük ekmek

Chleb

ekmek

Toast

tost

Ciastka

bisküvi

Masło

tereyağı

Twarożek

kaymak

Ciasto

kek

Jajko

yumurta

Jajko sadzone

sahanda yumurta

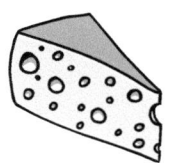

Ser

peynir

Lody

dondurma

Cukier

şeker

Miód

bal

Marmolada

reçel

Krem nugatowy

fındık ezmesi

Curry

köri

Gospodarstwo chłopskie
çiftlik

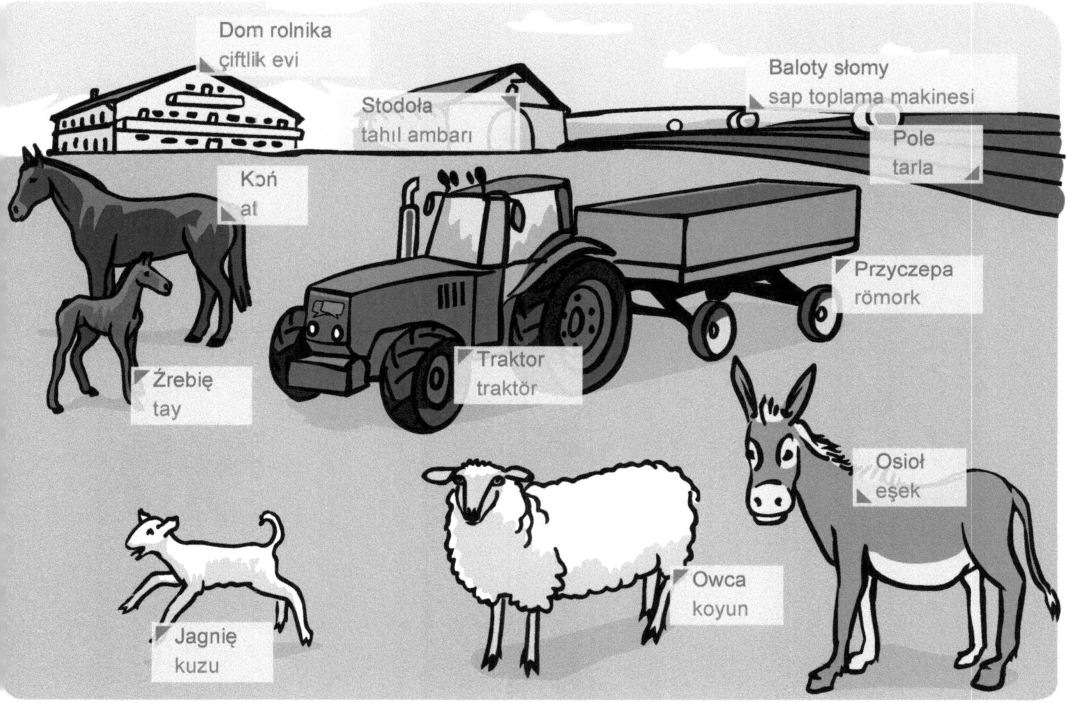
Dom rolnika
çiftlik evi
Stodoła
tahıl ambarı
Baloty słomy
sap toplama makinesi
Pole
tarla
Koń
at
Przyczepa
römork
Traktor
traktör
Źrebię
tay
Osioł
eşek
Owca
koyun
Jagnię
kuzu

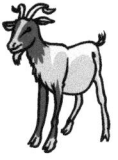

Koza

keçi

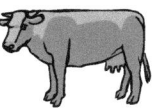

Krowa

inek

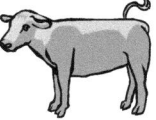

Cielę

buzağı

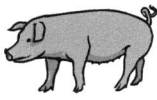

Świnia

domuz

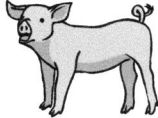

Prosię

domuz yavrusu

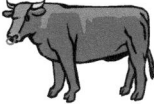

Byk

boğa

Gęś

kaz

Kaczka

ördek

Kurczątko

civciv

Kura

tavuk

Kogut

horoz

Szczur

sıçan

Kot

kedi

Mysz

fare

Osioł

öküz

Pies

köpek

Buda dla psa

köpek kulübesi

Wąż ogrodowy

bahçe hortumu

Konewka

sulama kabı

Kosa

tırpan

Pług

pulluk

Sierp

orak

Graca

çapa

Widły

dirgen

Siekiera

balta

Taczka

el arabası

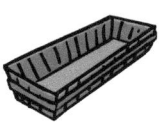

Koryto

yemlik

Kanka na mleko

süt kovası

Worek

çuval

Płot

çit

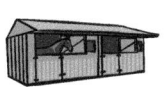

Stajnia

ahır

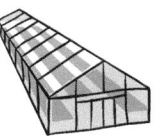

Szklarnia

sera

Ziemia

toprak

Nasiona

tohum

Nawóz

gübre

Kombajn zbożowy

biçerdöver

zbierać

hasat etmek

Żniwa

harman

Podchrzyn

tatlı patates

Pszenica

buğday

Soja

soya

Ziemniak

patates

Kukurydza

mısır

Rzepak

kolza

Drzewo owocowe

meyve ağacı

Maniok

manyok

Zboże

hububat

Komin
baca

Dach
çatı

Rynna deszczowa
yağmur oluğu

Okno
pencere

Garaż
garaj

Dzwonek
kapı zili

Drzwi
kapı

Wiaderko na śmieci
çöp kutusu

Skrzynka na listy
posta kutusu

Ogród
bahçe

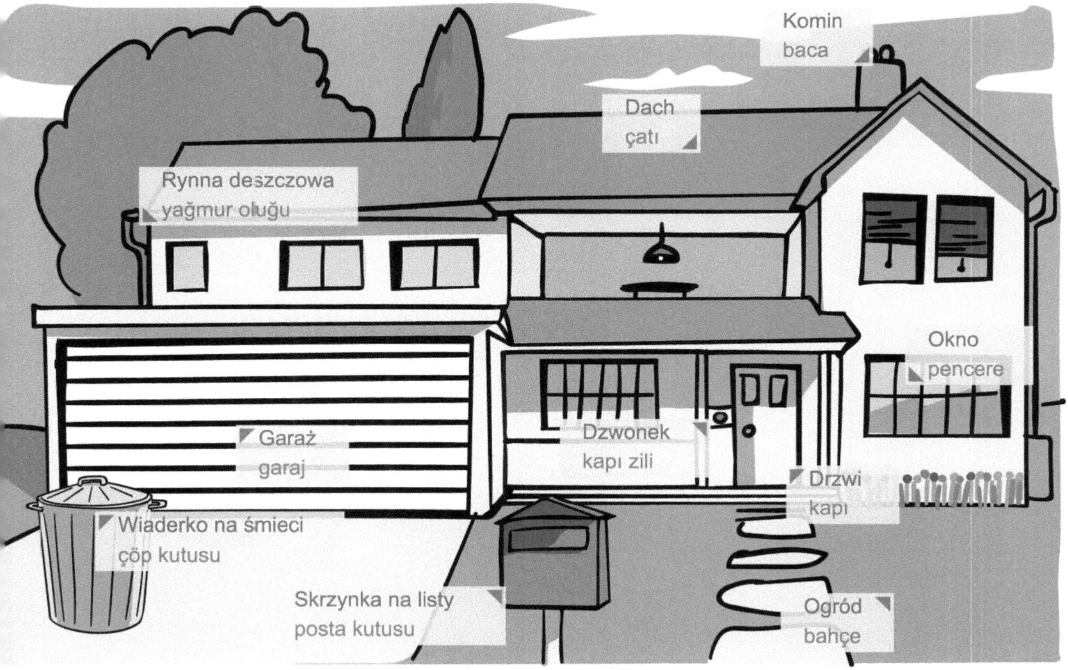

Pokój dzienny

oturma odası

Łazienka

banyo

Kuchnia

mutfak

Sypialnia

yatak odası

Pokój dziecięcy

çocuk odası

Jadalnia

yemek odası

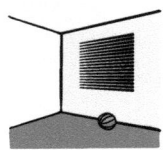

Ziemia

zemin

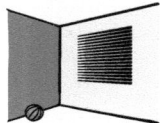

Ściana

duvar

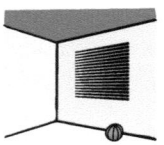

Koc

tavan

Piwnica

kiler

Sauna

sauna

Balkon

balkon

Taras

teras

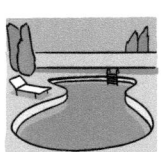

Basen

havuz

Kosiarka do trawy

çim biçme makinesi

Poszwa

çarşaf

Kołdra

yatak örtüsü

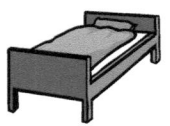

Łóżko

yatak

Miotła

süpürge

Wiadro

kova

Włącznik

anahtar

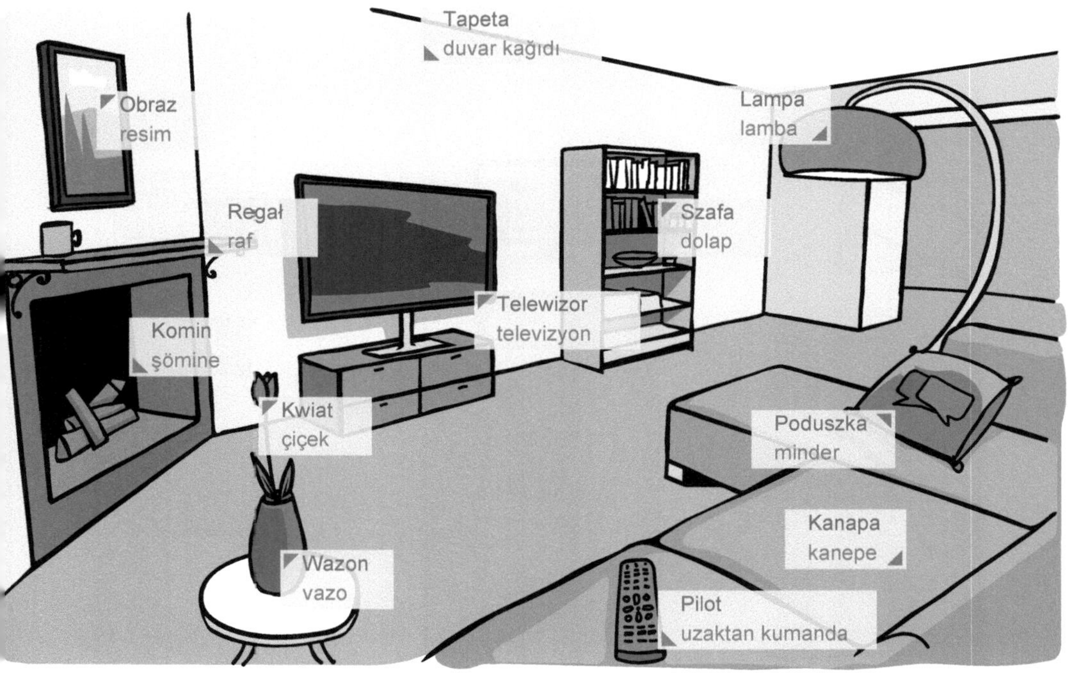

Tapeta
duvar kağıdı

Obraz
resim

Lampa
lamba

Regał
raf

Szafa
dolap

Komin
şömine

Telewizor
televizyon

Kwiat
çiçek

Poduszka
minder

Kanapa
kanepe

Wazon
vazo

Pilot
uzaktan kumanda

Dywan

halı

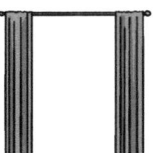

Zasłona

perde

Stół

masa

Krzesło

sandalye

Bujak

salıncaklı koltuk

Fotel

koltuk

Książka	Sufit	Dekoracja
kitap	battaniye	dekor

Drewno kominkowe	Film	Instalacja stereo
odun	film	hi-fi

Klucz	Gazeta	Malunek
anahtar	gazete	tablo

Plakat	Radio	Notatnik
poster	radyo	defter

Odkurzacz	Kaktus	Świeczka
elektrikli süpürge	kaktüs	mum

Kuchnia
mutfak

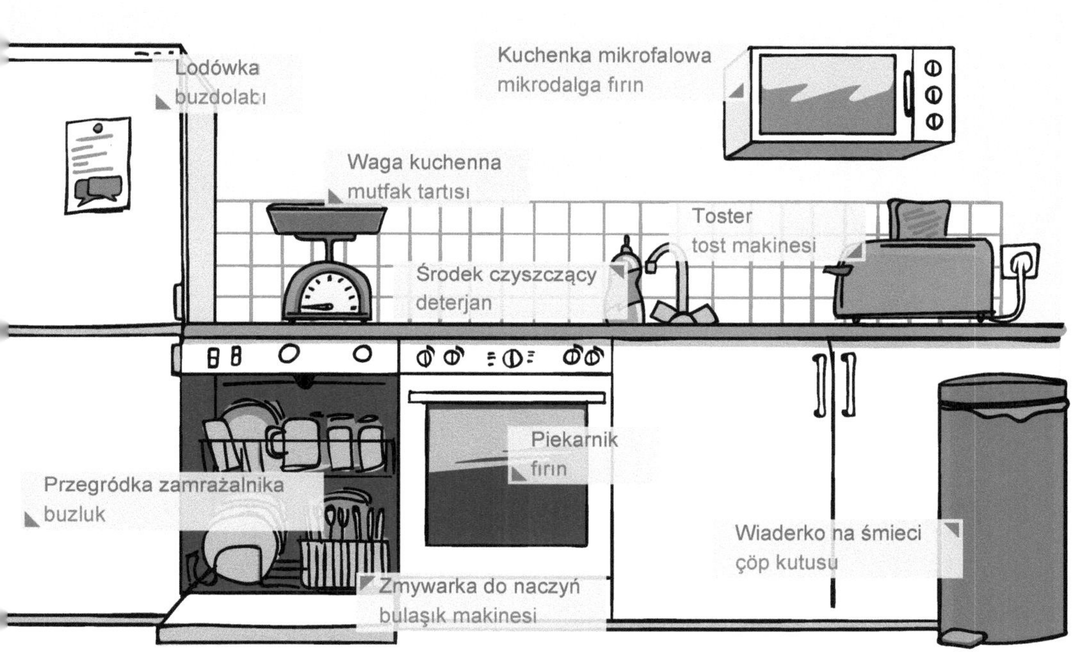
Lodówka
buzdolabı
Kuchenka mikrofalowa
mikrodalga fırın
Waga kuchenna
mutfak tartısı
Toster
tost makinesi
Środek czyszczący
deterjan
Piekarnik
fırın
Przegródka zamrażalnika
buzluk
Wiaderko na śmieci
çöp kutusu
Zmywarka do naczyń
bulaşık makinesi

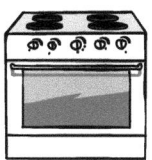

Kuchenka

ocak

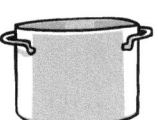

Garnek

tencere

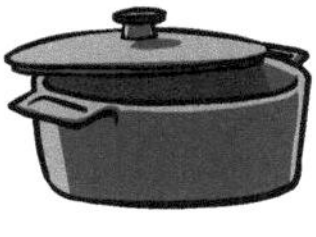

Kocioł żeliwny

döküm tencere

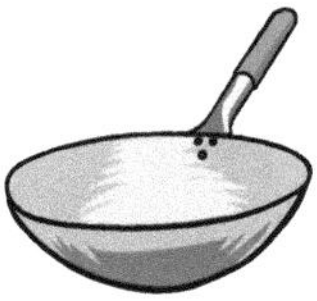

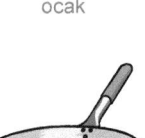

Wok / Kadai

wok

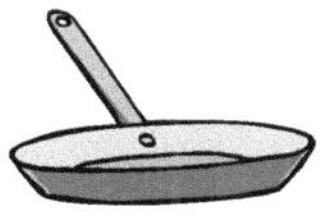

Patelnia

tava

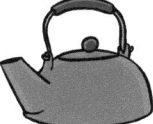

Czajnik

su ısıtıcı

Parowar

buharlı pişirici

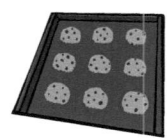

Blacha do pieczenia

pişirme tepsisi

Naczynia kuchenne

tabak takımı

Kubek

kupa

Miska

kase

Pałeczki

çubuk (çin yemeği)

Nabierka

kepçe

Łopatka do smażenia

spatula

Trzepaczka do śmietany

çırpma teli

Cedzak

süzgeç

Sitko

elek

Tarka

rende

Moździerz

havan

Grillowanie

barbekü

Palenisko

açık ateş

Deska

kesme tahtası

Wałek do ciasta

merdane

Korkociąg

tirbüşon

Puszka

konserve kutusu

Otwieracz do puszek

konserve açacağı

Ściereczka do trzymania garnka

fırın eldiveni

Umywalka

evye

Szczotka

fırça

Gąbka

sünger

Mikser

blender

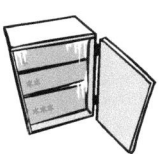

Zamrażarka

derin dondurucu

Butelka dla niemowlęcia

biberon

Kran

musluk

Łazienka
banyo

Ogrzewanie
ısıtma
Ręcznik
havlu
Prysznic
duş
Kotara prysznicowa
duş perdesi
Płyn do kąpieli
köpük banyosu
Wanna kąpielowa
küvet
Szklanka
bardak
Pralka
çamaşır makinesi
Kran
musluk
Kafelki
fayans
Nocnik
lazımlık
Umywalka
evye

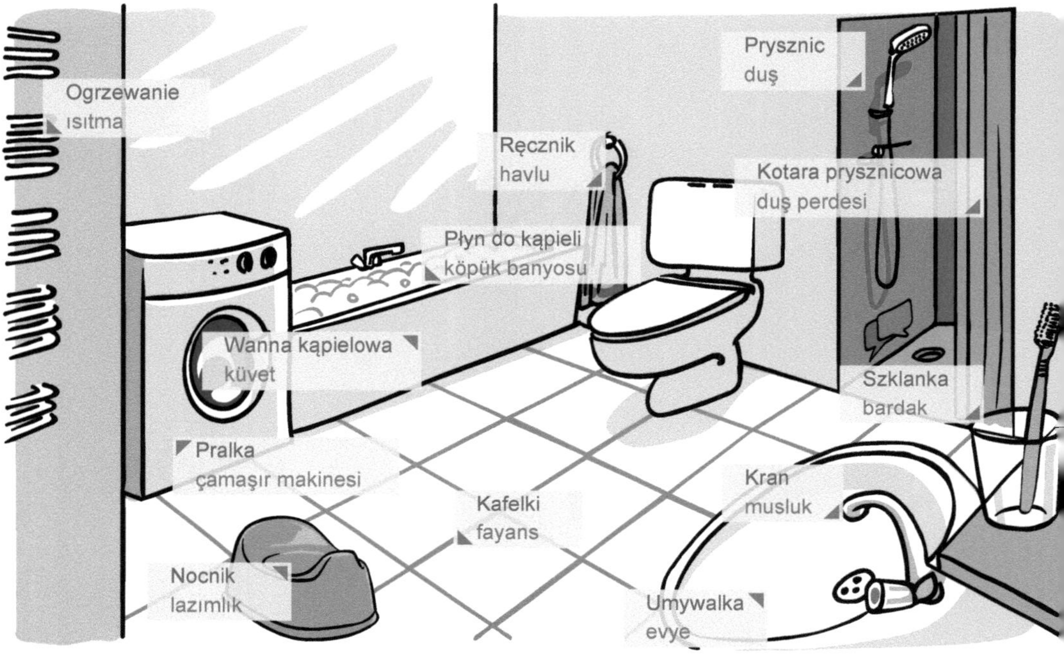

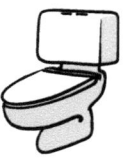

Toaleta

tuvalet

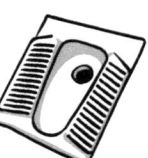

Toaleta kuczna

alaturka tuvalet

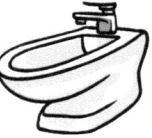

Bidet

bide

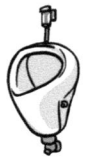

Pisuar

pisuvar

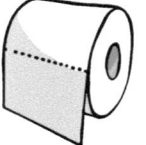

Papier toaletowy

tuvalet kağıdı

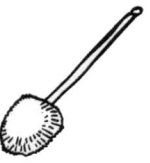

Szczotka toaletowa

tuvalet fırçası

Szczoteczka do zębów

diş fırçası

Pasta do zębów

diş macunu

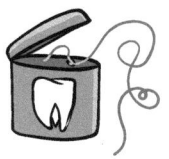

Nitki do czyszczenia zębów

diş ipi

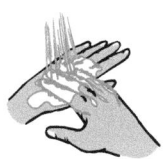

myć

yıkamak

Głowica prysznicowa

duş başlığı

Płyn kąpielowy do higieny intymnej

duş başlığı şeklinde taharet musluğu

Miska do mycia

küvet

Szczotka kąpielowa

banyo fırçası

Mydło

sabun

Żel prysznicowy

duş jeli

Szampon

şampuan

Rękawica kąpielowa

banyo lifi

Odpływ

gider

Krem

krem

Dezodorant

deodorant

Lustro

ayna

Lustro kosmetyczne

el aynası

Golarka

jilet

Pianka do golenia

tıraş köpüğü

Woda po goleniu

tıraş losyonu

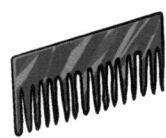

Grzebień

tarak

Szczotka

fırça

Suszarka do włosów

saç kurutma makinesi

Spray do włosów

saç spreyi

Makijaż

makyaj

Pomadka

ruj

Lakier do paznokci

tırnak cilası

Wata

pamuk

Nożyczki do paznokci

tırnak makası

Perfum

parfüm

Kosmetyczka

makyaj çantası

Taboret

tabure

Waga

tartı

Szlafrok kąpielowy

bornoz

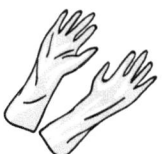

Rękawice gumowe

lastik eldiven

Tampon

tampon

Podpaska damska

kadın pedi

Toaleta chemiczna

kimyevi tuvalet

Pokój dziecięcy
çocuk odası

Budzik
çalar saat
Pluszowa przytulanka
peluş oyuncak
Samochodzik
oyuncak araba
Grzechotka
çıngırak
Domek dla lalek
bebek evi
Prezent
hediye

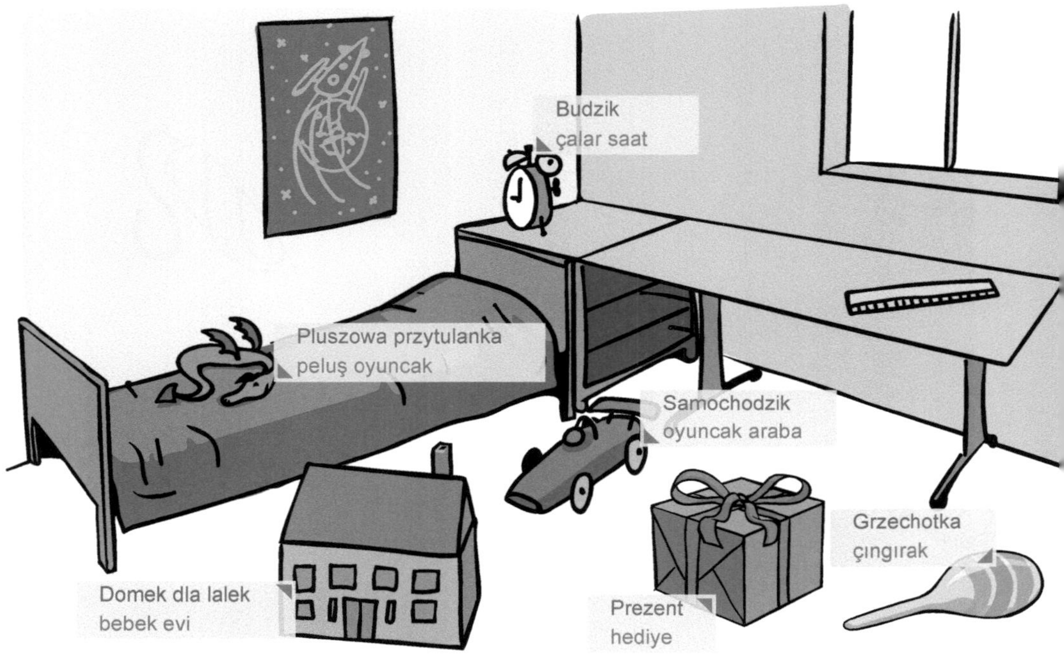

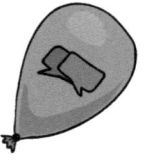

Balon
balon

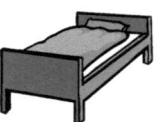

Łóżko
yatak

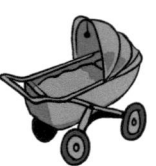

Wózek dziecięcy
bebek arabası

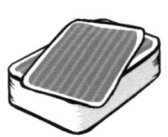

Gra w karty
kart destesi

Puzzle
yapboz

SUPER
MEGA

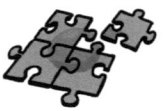

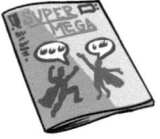

Komiks
çizgi roman

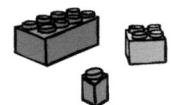

Klocki lego

lego tuğlaları

Klocki

lego blokları

Action figura

aksiyon figürü

Śpioszek dziecięcy

zıbın

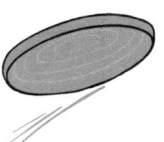

Frisbee

frizbi

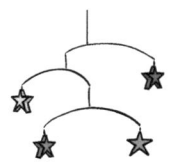

Zabawki ruchome

dönence

Gra planszowa

masa oyunu

Kości

zar

Kolejka elektryczna

model tren seti

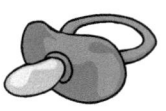

Smoczek

emzik

Przyjęcie

parti

Książka z ilustracjami

resimli kitap

Piłka

top

Lalka

oyuncak bebek

bawić się

oynamak

Piaskownica

kum havuzu

Huśtawka

salıncak

Zabawki

oyuncaklar

Konsola do gier

video oyun konsolu

Rowerek trójkołowy

üç tekerlekli bisiklet

Pluszowy miś

oyuncak ayı

Szafa ubraniowa

gardırop

Ubiór
kıyafet

Skarpety

çorap

Pończochy

külotlu çorap

Rajstopy

tayt

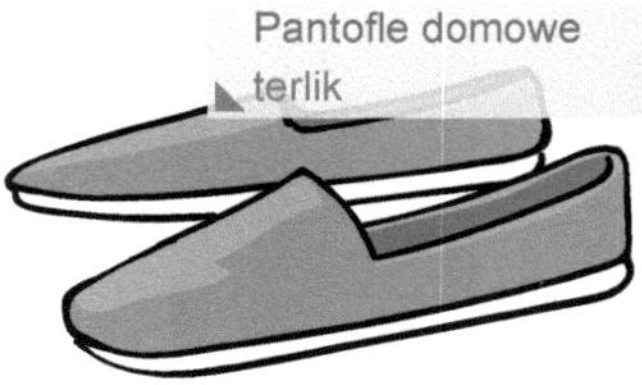

Szal
eşarp

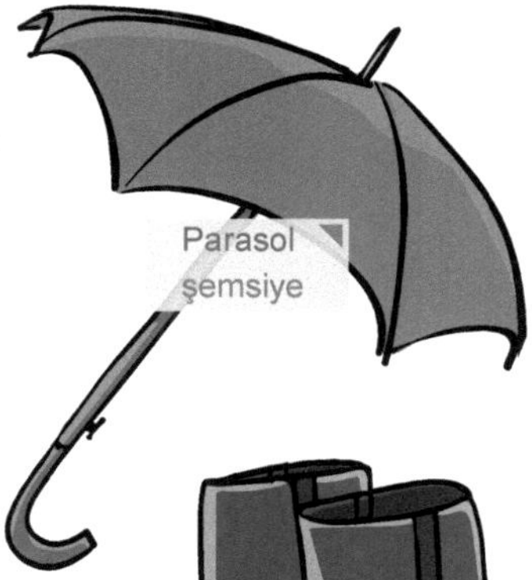

Parasol
şemsiye

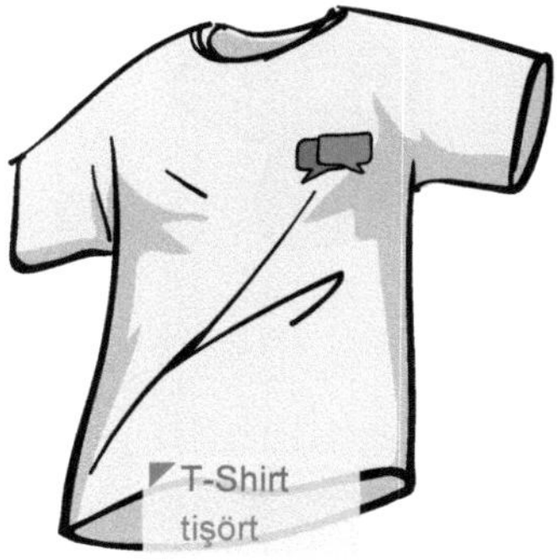

T-Shirt
tişört

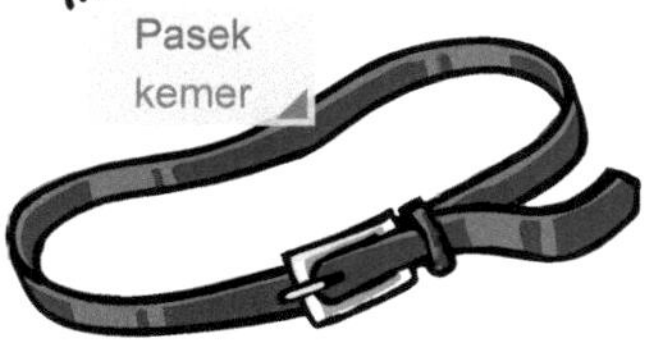

Pasek
kemer

Kozaki
bot

Pantofle domowe
terlik

Obuwie sportowe
spor ayakkabı

Sandały
sandalet

Buty
ayakkabı

Kalosze
lastik çizme

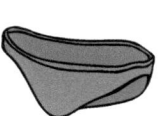

Majtki
külot

Biustonosz
sütyen

Podkoszulek
yelek

Body

dar bluz

Spodnie

pantolon

Dżins

kot pantolon

Spódnica

etek

Bluzka

bluz

Koszula

gömlek

Pulower

kazak

Bluza sportowa

süveter

Marynarka

blazer

Kurtka

ceket

Płaszcz

mont

Płaszcz przeciwdeszczowy

yağmurluk

Kostium

kostüm

Sukienka

elbise

Suknia ślubna

gelinlik

Garnitur męski

takım elbise

Koszula nocna

gecelik

Piżama

pijama

Sari

sari

Chusta na głowę

baş örtüsü

Turban

türban

Burka

burka

Kaftan

kaftan

Abaya

çarşaf

Strój kąpielowy

mayo

Kąpielówki

erkek mayosu

Krótkie spodnie

şort

Dres sportowy

eşofman

Fartuch

önlük

Rękawiczki

eldiven

Guzik

düğme

Okulary

gözlük

Bransoletka

bilezik

Łańcuszek

kolye

Pierścionek

yüzük

Kolczyk

küpe

Czapka

kep

Wieszak

portmanto

Kapelusz

şapka

Krawat

kravat

Zamek błyskawiczny

fermuar

Kask

kask

Szelki

pantolon askısı

Mundurek szkolny

okul forması

Mundur

üniforma

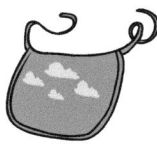

Śliniaczek

mama önlüğü

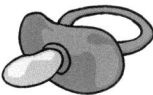

Smoczek

emzik

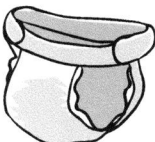

Pieluszka

bebek bezi

Biuro
ofis

Serwer
sunucu
Szafa na akta
dosya dolabı
Drukarka
yazıcı
Papier
kağıt
Monitor
monitör
Mysz
fare
Biurko
masa
Segregator
klasör
Klawiatura
klavye
Kosz na odpadki
kağıt çöp kutusu
Komputer
bilgisayar
Krzesło
sandalye

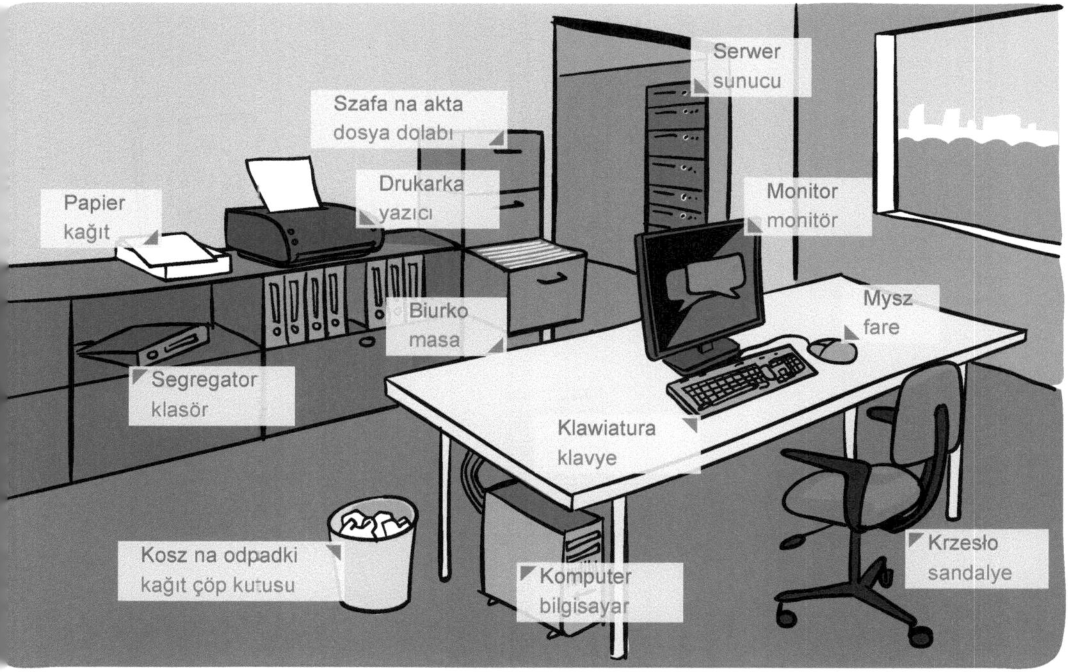

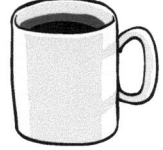

Filiżanka do kawy

kahve fincanı

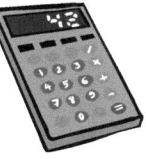

Kalkulator

hesap makinesi

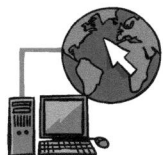

Internet

internet

Laptop

dizüstü

List

mektup

Wiadomość

mesaj

Komórka

cep telefonu

Sieć

ağ

Kopiarka

fotokopi makinesi

Oprogramowanie

yazılım

Telefon

telefon

Gniazdko

priz

Faks

faks makinesi

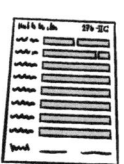

Formularz

form

Dokument

belge

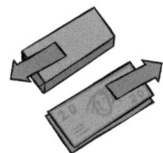

kupić

satın almak

płacić

ödemek

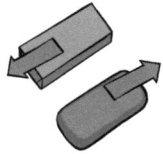

postępować

ticaret yapmak

Pieniądze

para

Dolar

dolar

Euro

avro

Jen

yen

Rubel

ruble

Frank

İsviçre frangı

Juan Renminbi

Çin yuanı

Rupia

rupi

Bankomat

kasa

Kantor wymiany walut

döviz bürosu

Złoto

altın

Srebro

gümüş

Olej

petrol

Energia

enerji

Cena

fiyat

Umowa

kontrat

Podatek

vergi

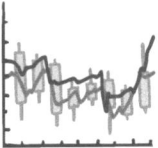

Akcja

menkul değer

pracować

çalışmak

Pracownik umysłowy

işveren

Pracodawca

işçi

Fabryka

fabrika

Sklep

mağaza

Zawody
meslekler

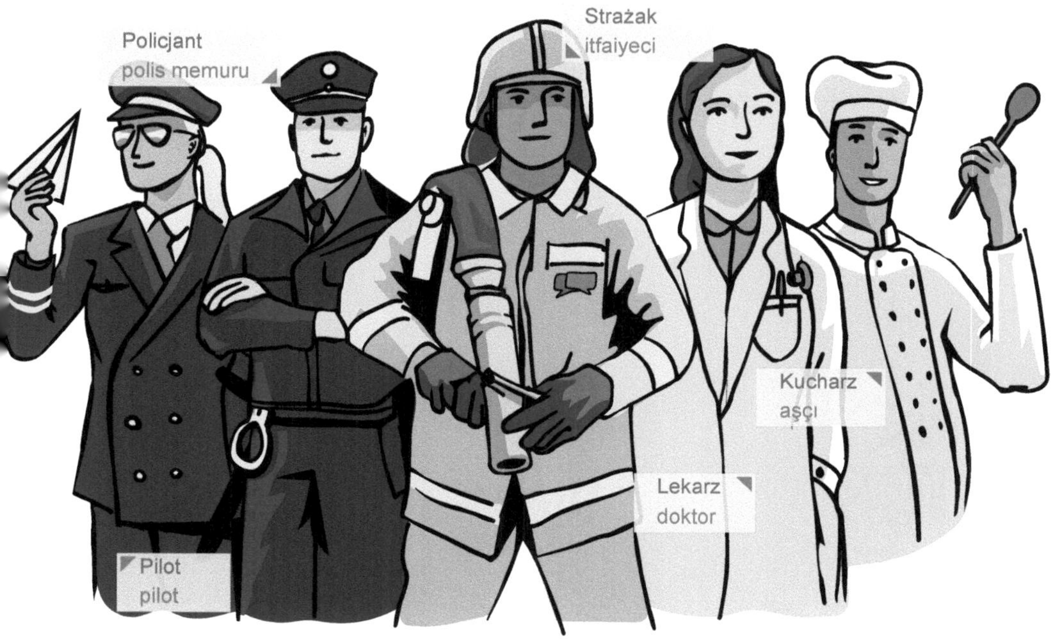
Policjant
polis memuru
Strażak
itfaiyeci
Kucharz
aşçı
Lekarz
doktor
Pilot
pilot

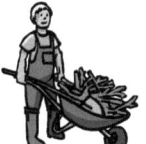

Ogrodnik

bahçıvan

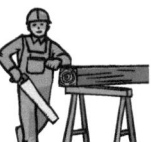

Stolarz

marangoz

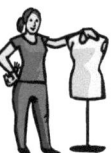

Krawcowa

terzi

Sędzia

hakim

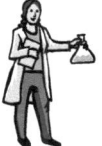

Chemik

kimyager

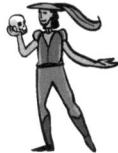

Aktor

aktör

Kierowca autobusu

otobüs şoförü

Taksówkarz

taksi şoförü

Fischer

balıkçı

Sprzątaczka

temizlikçi

Dekarz

çatı ustası

Kelner

garson

Myśliwy

avcı

Malarz

boyacı

Piekarz

fırıncı

Elektryk

elektrikçi

Robotnik budowlany

inşaatçı

Inżynier

mühendis

Rzeźnik

kasap

Instalator

muslukçu

Listonosz

postacı

Żołnierz

asker

Architekt

mimar

Kasjer

kasiyer

Florysta

çiçekçi

Fryzjer

kuaför

Konduktor

kondüktör

Mechanik

tamirci

Kapitan

kaptan

Dentysta

dişçi

Naukowiec

bilim insanı

Rabin

haham

Imam

imam

Mnich

keşiş

Proboszcz

rahip

Narzędzia
aletler

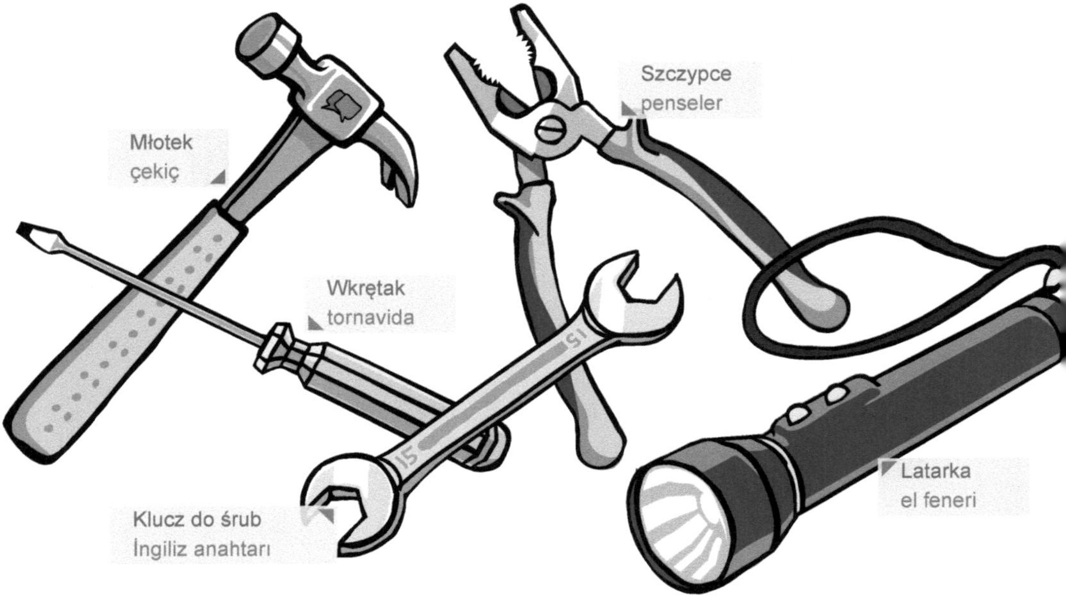
Szczypce
penseler
Młotek
çekiç
Wkrętak
tornavida
Latarka
el feneri
Klucz do śrub
İngiliz anahtarı

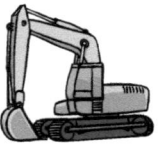

Koparka

kazı makinesi

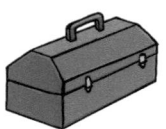

Skrzynka narzędziowa

alet çantası

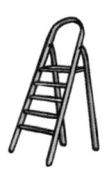

Drabina

merdiven

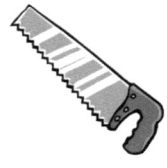

Piła

testere

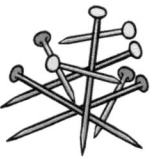

Gwoździe

çiviler

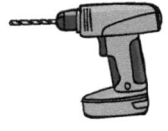

Wiertło

matkap

naprawić

tamir etmek

Łopatka

kürek

Cholera!

Kahretsin!

Szufelka

faraş

Puszka z farbą

boya tenekesi

Śruby

vidalar

Instrumenty muzyczne
müzik enstrümanı

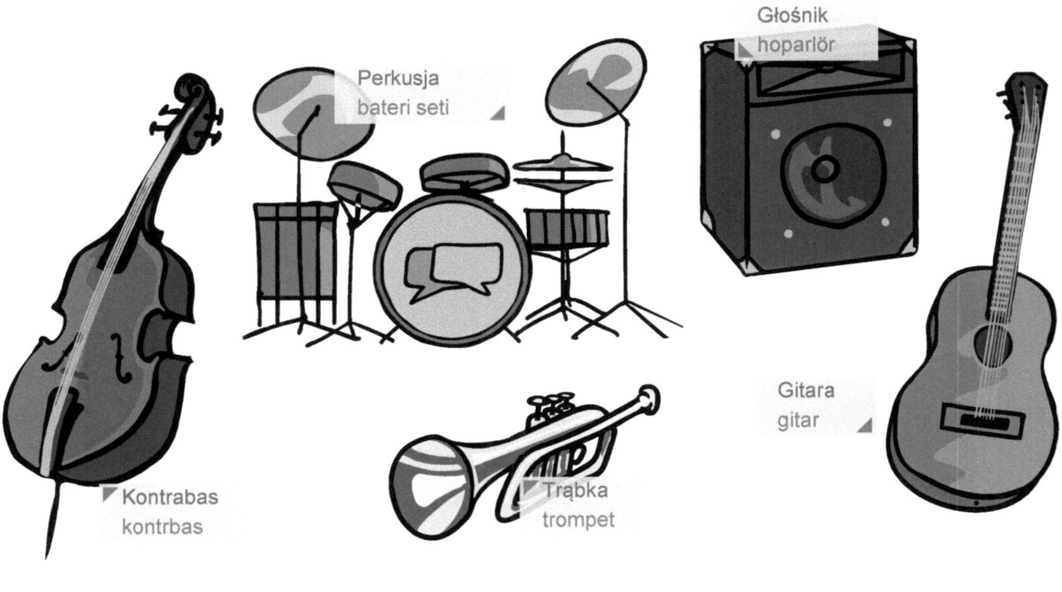

Głośnik
hoparlör

Perkusja
bateri seti

Kontrabas
kontrbas

Trąbka
trompet

Gitara
gitar

Pianino

piyano

Skrzypce

keman

Bas

basgitar

Kotły

timpani

Bęben

bateri

Keyboard

klavye

Saksofon

saksafon

Flet

flüt

Mikrofon

mikrofon

Zoo
hayvanat bahçesi

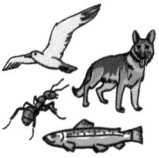

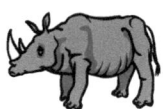

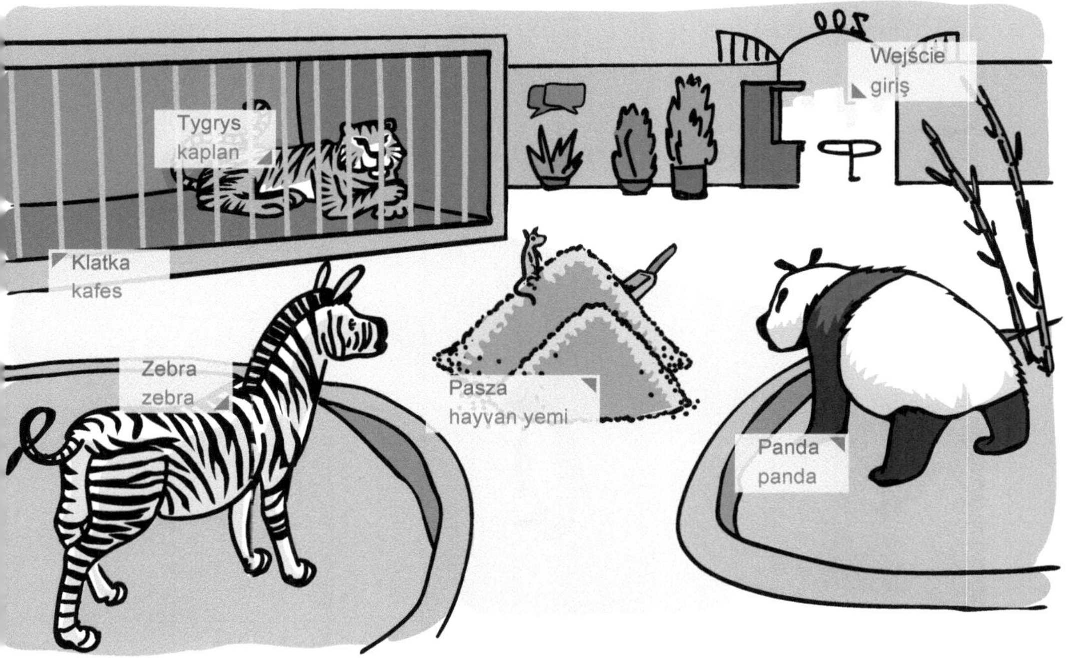
Wejście
giriş
Tygrys
kaplan
Klatka
kafes
Zebra
zebra
Pasza
hayvan yemi
Panda
panda

Zwierzęta

hayvanlar

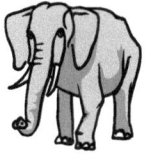

Słoń

fil

Kangur

kanguru

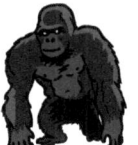

Nosorożec

gergedan

Goryl

goril

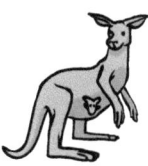

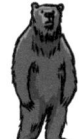

Niedźwiedź

ayı

Wielbłąd

deve

Struś

deve kuşu

Lew

aslan

Małpa

maymun

Fleming

flamingo

Papuga

papağan

Niedźwiedź polarny

kutup ayısı

Pingwin

penguen

Rekin

köpek balığı

Paw

tavus kuşu

Wąż

yılan

Krokodyl

timsah

Dozorca w zoo

hayvanat bahçesi görevlisi

Foka

fok

Jaguar

jaguar

Zoo - hayvanat bahçesi

Kucyk

midilli atı

Gepard

leopar

Hipopotam

su aygırı

Żyrafa

zürafa

Orzeł

kartal

Dzik

yaban domuzu

Ryba

balık

Żółw

kaplumbağa

Mors

mors

Lis

tilki

Gazela

ceylan

Futbol amerykański
amerikan futbolu

Kolarstwo
bisiklete binme

Tenis
tenis

Koszykówka
basketbol

Pływanie
yüzme

Boks
boks

Hokej na lodzie
buz hokeyi

Piłka nożna
futbol

Badminton
badminton

Lekka atletyka
atletizm

Piłka ręczna
hentbol

Narciarstwo
kayak

Polo
polo

Działania
etkinlikler

skakać
atlamak
objąć
sarılmak
śmiać się
gülmek
iść
yürümek
śpiewać
söylemek
marzyć
hayal etmek
modlić się
dua etmek
całować
öpmek

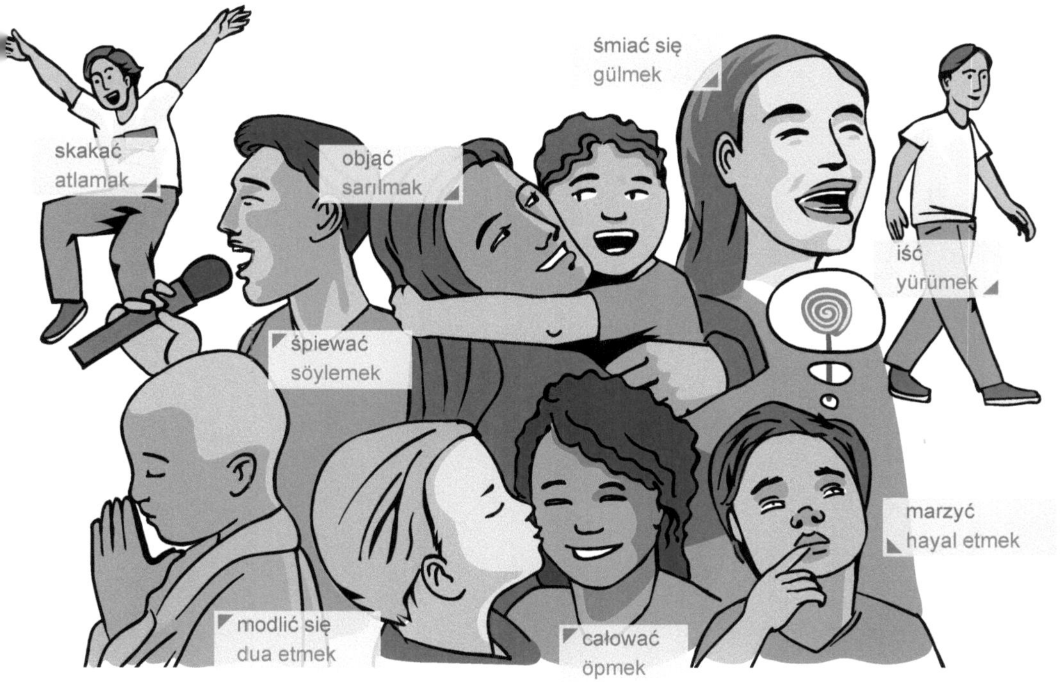

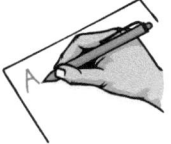

pisać

yazmak

rysować

çizmek

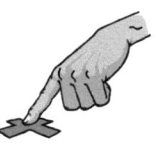

pokazywać

göstermek

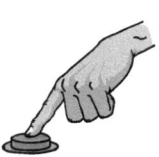

nacisnąć

itmek

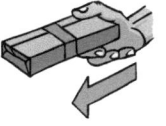

dać

vermek

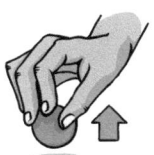

wziąć

almak

mieć

sahip olmak

robić

yapmak

być

olmak

stać

ayakta durmak

biegać

koşmak

ciągnąć

çekmek

rzucać

atmak

spaść

düşmek

leżeć

yalan söylemek

czekać

beklemek

nosić

taşımak

siedzieć

oturmak

zakładać

giyinmek

spać

uyumak

budzić się

uyanmak

spojrzeć

bakmak

płakać

ağlamak

głaskać

vurmak

czesać się

taramak

mówić

konuşmak

rozumieć

anlamak

pytać

sormak

słyszeć

dinlemek

pić

içmek

jeść

yemek

sprzątać

düzenlemek

kochać

sevmek

gotować

pişirmek

jechać

sürmek

latać

uçmak

żeglować

denize açılmak

liczyć

hesapla

czytać

okumak

uczyć się

öğrenmek

pracować

çalışmak

wejść w związek małżeński

evlenmek

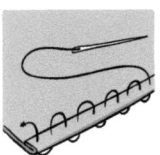

szyć

dikmek

myć zęby

diş fırçalamak

zabić

öldürmek

palić tytoń

sigara içmek

wysłać

yollamak

Rodzina
aile

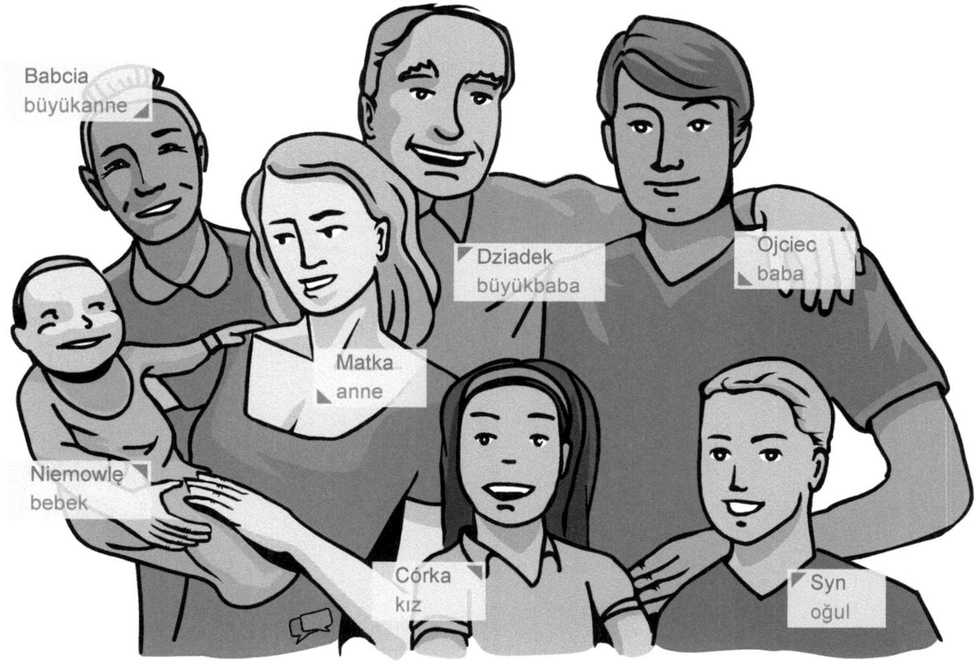
Babcia
büyükanne
Dziadek
büyükbaba
Ojciec
baba
Matka
anne
Niemowlę
bebek
Córka
kız
Syn
oğul

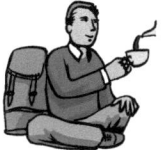

Gość
misafir

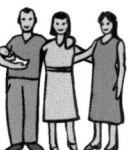

Ciotka
teyze

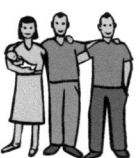

Wujek
amca

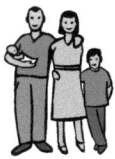

Brat
erkek kardeş

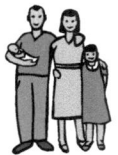

Siostra
kız kardeş

Ciało
vücut

Czoło
alın
Oko
göz
Ramię
omuz
Palec
parmak
Twarz
yüz
Broda
çene
Ręka
el
Noga
bacak
Pierś
göğüs
Ramię
kol

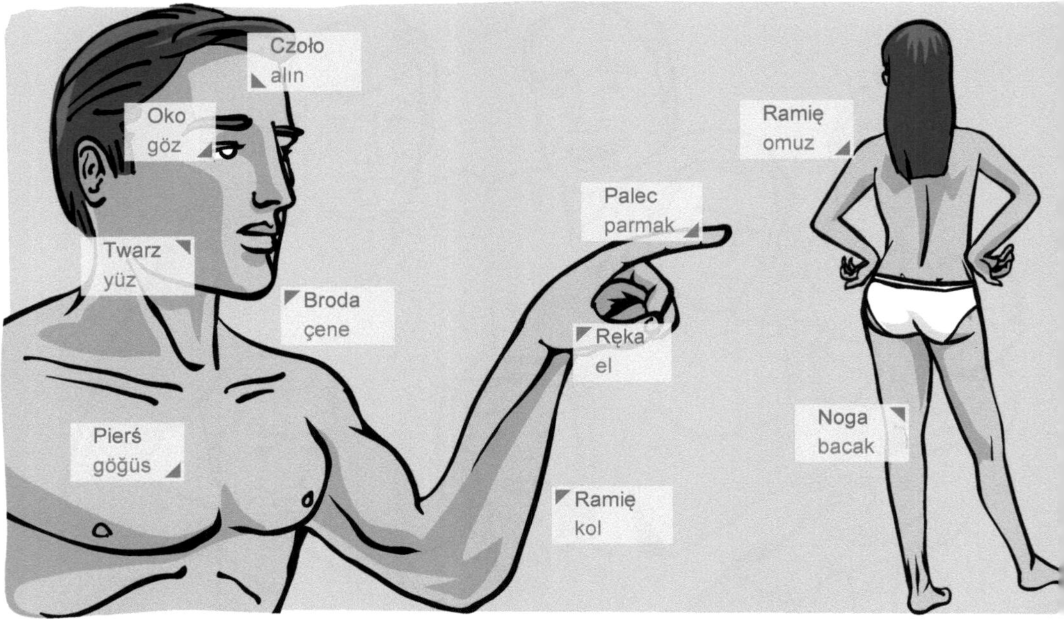

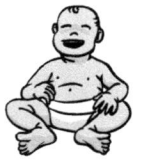

Niemowlę

bebek

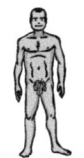

Mężczyzna

adam

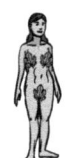

Kobieta

kadın

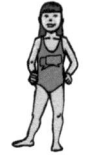

Dziewczyna

kız

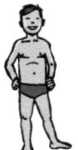

Chłopiec

erkek çocuk

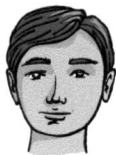

Głowa

baş

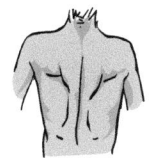

Plecy

sırt

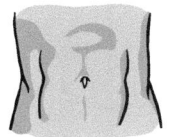

Brzuch

karın

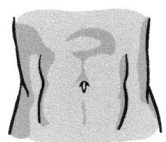

Pępek

göbek

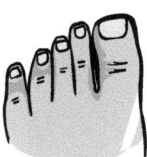

palec nogi

ayak parmağı

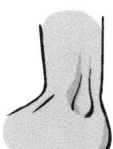

Pięta

topuk

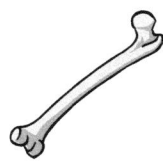

Kość

kemik

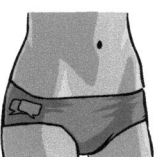

Biodro

kalça

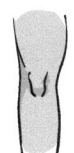

Kolano

diz

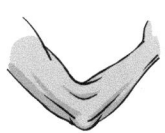

Łokieć

dirsek

Nos

burun

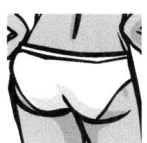

Pośladki

kalça

Skóra

deri

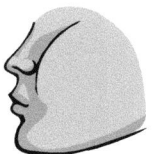

Policzek

yanak

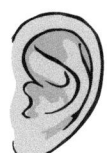

Uszy

kulak

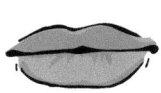

Warga

dudak

Usta

ağız

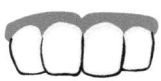

Ząb

diş

Język

dil

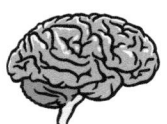

Mózg

beyin

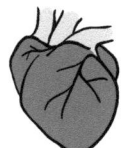

Serce

kalp

Mięsień

kas

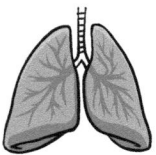

Płuca

akciğer

Wątroba

karaciğer

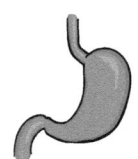

Żołądek

mide

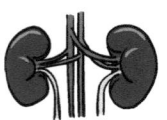

Nerki

böbrekler

Stosunek płciowy

seks

Kondom

prezervatif

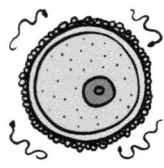

Komórka jajowa

yumurtalık

Sperma

sperm

Ciąża

hamilelik

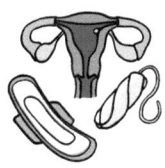

Menstruacja

regl

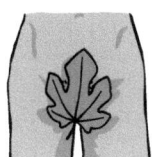

Wagina

vajina

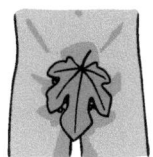

Penis

penis

Brew

kaş

Włosy

saç

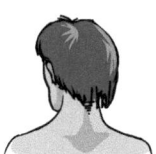

Szyja

boyun

Szpital
hastane

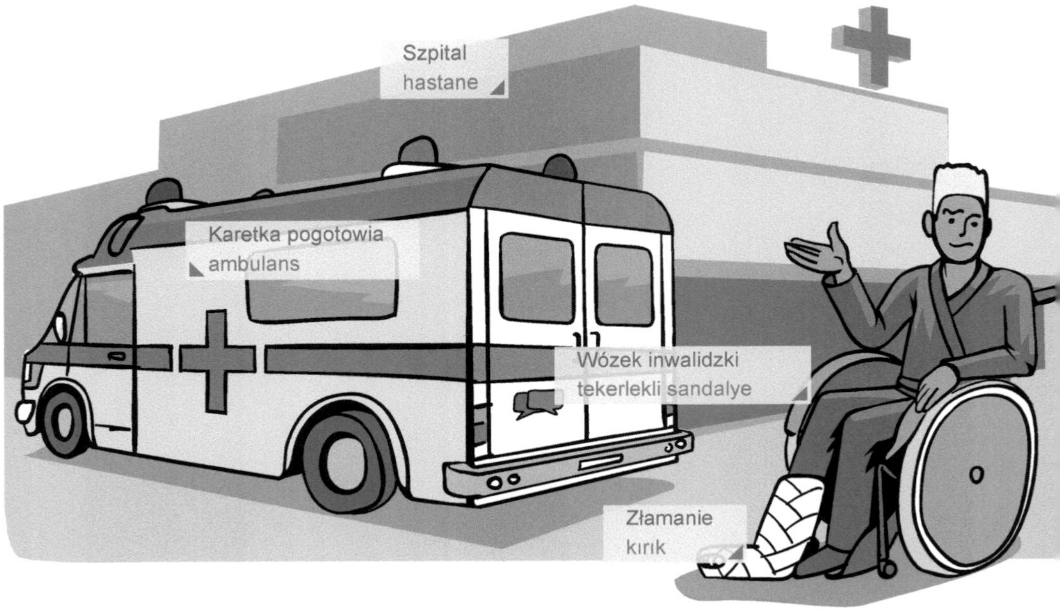

Szpital
hastane
Karetka pogotowia
ambulans
Wózek inwalidzki
tekerlekli sandalye
Złamanie
kırık

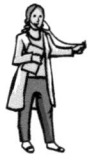

Lekarz

doktor

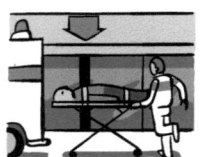

Izba przyjęć

acil servis

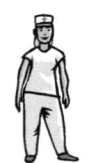

Pielęgniarka

hemşire

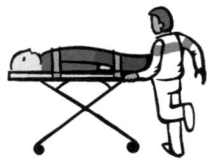

Nagły przypadek

acil

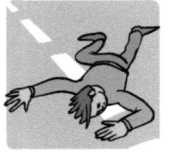

nieprzytomny

baygın

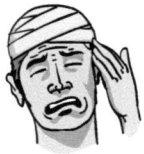

Ból

acı

Skaleczenie

yaralanma

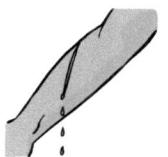

Krwawienie

kanama

Zawał serca

kalp krizi

Udar mózgu

felç

Alergia

alerji

Kaszleć

öksürük

Gorączka

ateş

Grypa

grip

Biegunka

ishal

Ból głowy

baş ağrısı

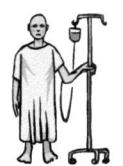

Rak

kanser

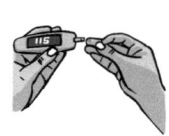

Cukrzyca

şeker hastalığı

Chirurg

cerrah

Skalpel

neşter

Operacja

operasyon

CT

bilgisayarlı tomografi

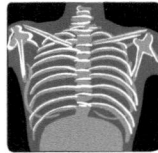

Rentgen

röntgen

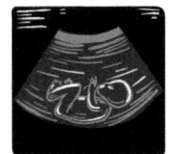

Ultradźwięki

ultrason

Maska

yüz maskesi

Choroba

hastalık

Poczekalnia

bekleme odası

Kula

koltuk değneği

Plaster

yara bandı

Opatrunek

bandaj

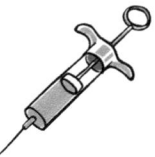

Iniekcja

enjeksiyon

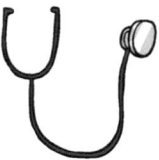

Stetoskop

steteskop

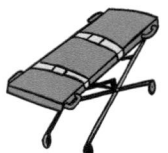

Nosze

sedye

Termometr

tıbbi termometre

Poród

doğum

Nadwaga

fazla kilo

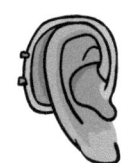

Aparat słuchowy

işitme cihazı

Środek dezynfekcyjny

dezenfektan

Infekcja

enfeksiyon

Wirus

virüs

HIV / AIDS

HIV / AIDS

Medycyna

ilaç

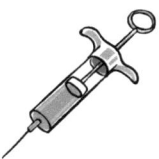

Szczepienie

aşı

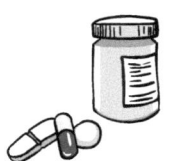

Tabletki

tablet

Pigułka

hap

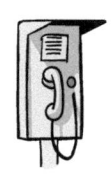

Telefon ratunkowy

acil çağrı

Ciśnieniomierz krwi

tansiyon aleti

chory / zdrowy

hasta / sağlıklı

Pomocy!

İmdat!

Alarm

alarm

Napad

darp

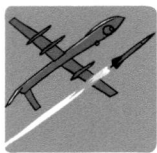

Atak

saldırı

Niebezpieczeństwo

tehlike

Wyjście awaryjne

acil çıkış

Pożar!

Yangın!

Gaśnica

yangın tüpü

Wypadek

kaza

Walizeczka pierwszej pomocy

ilk yardım çantası

SOS

imdat

Policja

polis

Europa

Avrupa

Ameryka Północna

Kuzey Amerika

Ameryka Południowa

Güney amerika

Afryka

Afrika

Azja

Asya

Australia

Avustralya

Atlantyk

Atlantik

Pacyfik

Pasifik

Ocean Indyjski

Hint Okyanusu

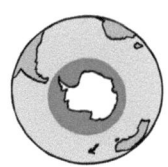

Ocean Antarktyczny

Antarktika Okyanusu

Ocean Arktyczny

Arktik Okyanusu

Biegun północny

Kuzey Kutbu

Biegun południowy

Güney Kutbu

Antarktyda

Antarktika

Ziemia

dünya

Kraj

kara

Morze

deniz

Wyspa

ada

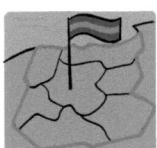

Naród

ulus

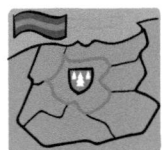

Państwo

ülke

Cyferblat

kadran

Wskazówka godzinowa

akrep

Wskazówka minutowa

yelkovan

Wskazówka sekundowa

saniye ibresi

Która godzina?

Saat kaç?

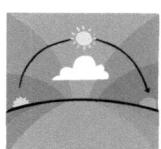

Dzień

gün

Czas

zaman

teraz

şimdi

Zegarek digitalny

dijital saat

Minuta

dakika

Godzina

saat

Tydzień
hafta

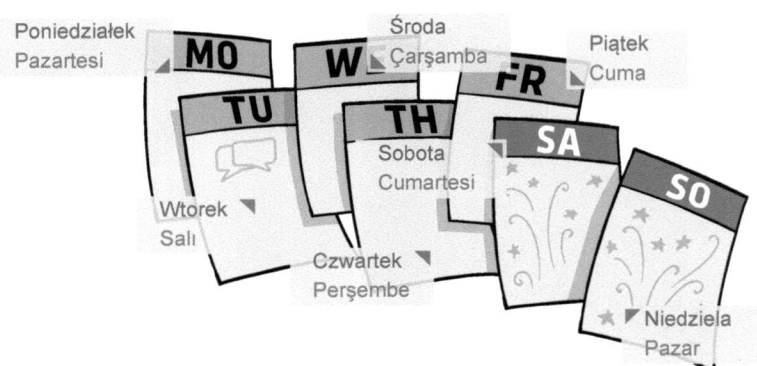

Poniedziałek / Pazartesi — MO
Wtorek / Salı — TU
Środa / Çarşamba — W
Czwartek / Perşembe — TH
Piątek / Cuma — FR
Sobota / Cumartesi — SA
Niedziela / Pazar — SO

wczoraj
....
dün

dzisiaj
....
bugün

jutro
....
yarın

Rano
....
sabah

Południe
....
öğle

Wieczór
....
akşam

Dni robocze
....
iş günleri

Weekend
....
hafta sonu

Rok

yıl

Deszcz
yağmur
Tęcza
gökkuşağı
Wiatr
rüzgar
Śnieg
kara
Wiosna
bahar
Lato
yaz
Jesień
sonbahar
Zima
kış

4.APRIL 11°
5.APRIL 4°
6.APRIL 13°
7.APRIL 8°
8.APRIL 10°

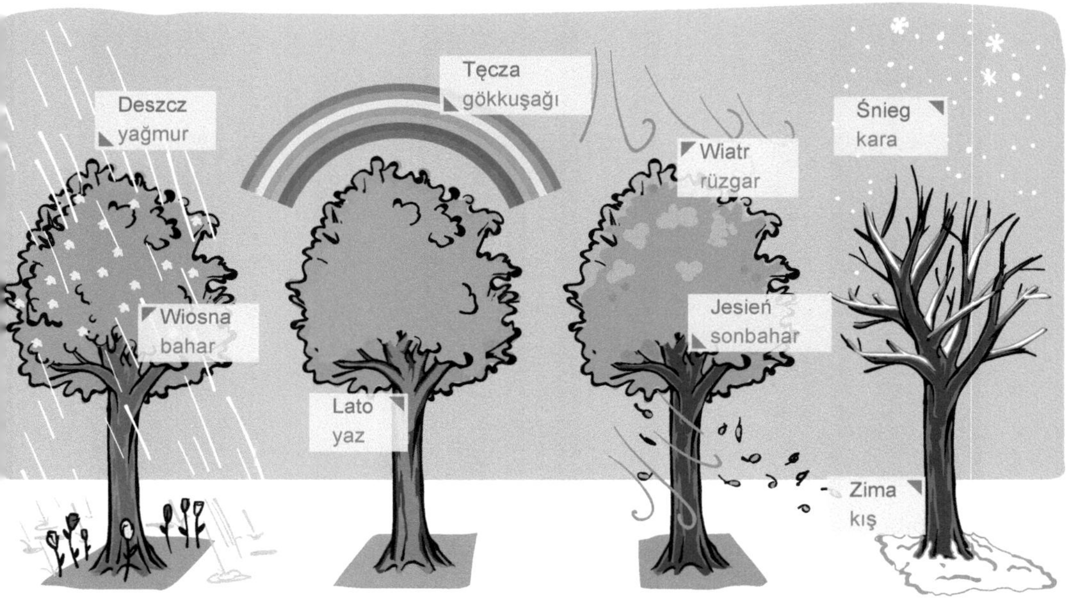

Prognoza pogody

hava durumu tahmini

F
C
120
90
60
30
0
-30
40
30
20
10
0
-10
-20

Termometr

termometre

Światło słoneczne

güneş ışığı

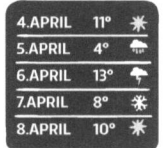

Chmura

bulut

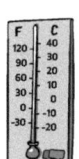

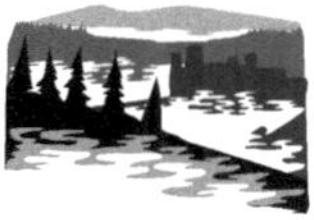

Mgła

sis

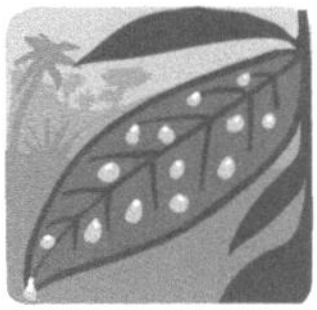

Wilgotność powietrza

nem

Błyskawica

şimşek

Grzmot

gök gürültüsü

Sztorm

fırtına

Grad

dolu

Monsun

muson

Potop

sel

Lód

buz

Styczeń

Ocak

Luty

Şubat

Marzec

Mart

Kwiecień

Nisan

Maj

Mayıs

Czerwiec

Haziran

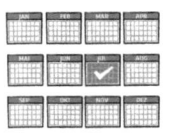

Lipiec

Temmuz

Sierpień

Ağustos

Wrzesień
....
Eylül

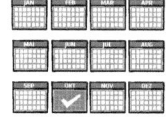

Październik
....
Ekim

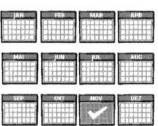

Listopad
....
Kasım

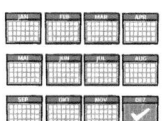

Grudzień
....
Aralık

Kształty
şekiller

Koło
....
daire

Kwadrat
....
kare

Prostokąt
....
dikdörtgen

Trójkąt
....
üçgen

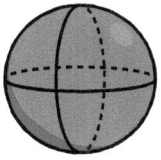

Kula
....
küre

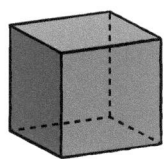

Sześcian
....
küp

Kolory
renkler

biały
....
beyaz

żółty
....
sarı

pomarańczowy
....
turuncu

różowy
....
pembe

czerwony
....
kırmızı

liliowy
....
mor

niebieski
....
mavi

zielony
....
yeşil

brązowy
....
kahverengi

szary
....
gri

czarny
....
siyah

dużo / mało

çok / az

wściekły / spokojny

kızgın / sakin

piękny / brzydki

güzel / çirkin

początek / koniec

başlangıç / son

duży / mały

büyük / küçük

jasny / ciemny

parlak / karanlık

brat / siostra

erkek kardeş / kız kardeş

czysty / brudny

temiz / kirli

kompletny / niekompletny

tamam / eksik

dzień / noc

gün / gece

umarły / żywy

ölü / canlı

szeroki / wąski

geniş / dar

jadalny / niejadalny

yenilebilir / yenilemez

zły / uprzejmy

kötü / iyi

podniecony / znudzony

heyecanlı / sıkılmış

gruby / chudy

şişman / zayıf

najpierw / na końcu

ilk / son

przyjaciel / wróg

dost / düşman

pełen / pusty

dolu / boş

twardy / miękki

sert / yumuşak

ciężki / lekki

ağır / hafif

głód / pragnienie

açlık / susuzluk

chory / zdrowy

hasta / sağlıklı

nielegalny / legalny

yasa dışı / yasal

inteligentny / głupi

zeki / aptal

lewo / prawo

sol / sağ

bliski / daleki

yakın / uzak

nowy / używany

yeni / kullanılmış

nic / coś

hiçbir şey / bir şey

stary / młody

yaşlı / genç

włącz / wyłącz

açma / kapama

otwarty / zamknięty

açık / kapalı

cichy / głośny

sessiz / gürültülü

bogaty / biedny

zengin / fakir

prawidłowy / błędny

doğru / yanlış

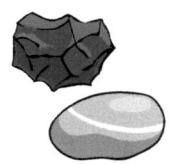

chropowaty / gładki

pürüzlü / düz

smutny / szczęśliwy

üzgün / mutlu

krótki / długi

kısa / uzun

powolny / szybki

yavaş / hızlı

mokry/suchy

ıslak / kuru

ciepły / chłodny

sıcak / serin

wojna / pokój

savaş / barış

0

zero

sıfır

1

jeden

bir

2

dwa

iki

3

trzy

üç

4

cztery

dört

5

pięć

beş

6

sześć

altı

7

siedem

yedi

8

osiem

sekiz

9

dziewięć

dokuz

10

dziesięć

on

11

jedenaście

on bir

12

dwanaście

on iki

13

trzynaście

on üç

14

czternaście

on dört

15

piętnaście

on beş

16

szesnaście

on altı

17

siedemnaście

on yedi

18

osiemnaście

on sekiz

19

dziewiętnaście

on dokuz

20

dwadzieścia

yirmi

100

sto

yüz

1.000

tysiąc

bin

1.000.000

milion

milyon

Angielski

İngilizce

Angielski amerykański

Amerikan İngilizcesi

Chiński mandaryński

Çince (Mandarin)

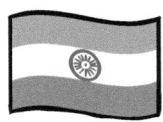

Hindi

Hintçe

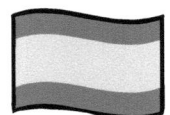

Hiszpański

İspanyolca

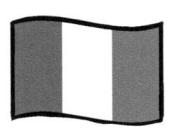

Francuski

Fransızca

Arabski

Arapça

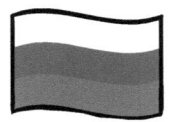

Rosyjski

Rusça

Portugalski

Portekizce

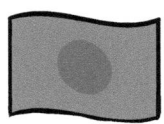

Bengalski

Bengalce

Niemiecki

Almanca

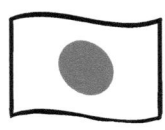

Japoński

Japonca

ja

ben

ty

sen

on / ona / ono

o

my

biz

wy

siz

oni

onlar

kto?

kim?

co?

ne?

jak?

nasıl?

gdzie?

nerede?

kiedy?

ne zaman?

Nazwisko

isim

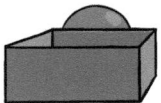

za

arkasında

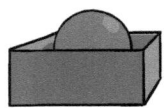

w

içinde

przed

önünde

powyżej

üzerinde

na

üstünde

pod

altında

obok

yanında

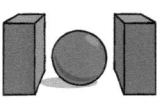

między

arasında

Miejsce

yer